BLOCK CHAIN
区块链
技术驱动商业模式重构

顾 娟 ◎ 著

中国纺织出版社有限公司

国家一级出版社
全国百佳图书出版单位

内 容 提 要

拥有"价值互联网"愿景的区块链，近年来一直是科技界的热点。过去，区块链技术主要被用于虚拟货币，但随着区块链技术的发展，人们发现，其未来的发展潜力甚至可能会颠覆世界，最终形成一种新型的经济模式。

本书较为系统地对区块链的相关概念、原理与结构基础、技术核心进行了总结，并从未来区块链有可能造成的经济模式的改变入手，立足行业、组织与个人三大方面，具体地梳理了区块链引发的行业震动、组织结构的改变以及个人生活变化，同时也对区块链本身有可能引发的风险进行了阐述。

图书在版编目（CIP）数据

区块链：技术驱动商业模式重构 / 顾娟著. -- 北京：中国纺织出版社有限公司，2020.6
ISBN 978-7-5180-7330-6

Ⅰ.①区… Ⅱ.①顾… Ⅲ.①电子商务—支付方式—研究 Ⅳ.①F713.361.3

中国版本图书馆CIP数据核字（2020）第066677号

策划编辑：陈 芳　　责任校对：王花妮　　责任印制：储志伟

中国纺织出版社有限公司出版发行
地址：北京市朝阳区百子湾东里 A407 号楼　邮政编码：100124
销售电话：010—87155894　传真：010—87155801
http://www.c-textilep.com
中国纺织出版社天猫旗舰店
官方微博 http://weibo.com/2119887771
佳兴达印刷（天津）有限公司印刷　各地新华书店经销
2020 年 6 月第 1 版第 1 次印刷
开本：710×1000　1/16　印张：16.5
字数：224 千字　定价：58.00 元

凡购本书，如有缺页、倒页、脱页，由本社图书营销中心调换

前言

2019年10月24日,习近平总书记在中央政治局的集体学习上指出,要把区块链作为核心技术自主创新的重要突破口。

"矿工""挖矿""区块""公链私链"……从2016年开始,这一系列全新的文字突然在网络上爆红,"区块链"开始正式走入普通人的视线。在行业大佬纷纷发声、各路大V激烈讨论之下,我们才发现:原来,一项可与互联网技术媲美、能够改变现代商业模式的科技已经诞生了!

它有多重要?

看看巨头们的行动就知道了:一方面,包括高盛、摩根大通、纳斯达克在内的全球金融巨头,都在忙着投资与区块链相关的科技公司;另一方面,包括苹果、IBM、微软、索尼、阿里巴巴在内的科技巨头,也已经开始着手占位区块链。

这让很多普通人诧异:区块链到底是什么?它凭什么在发展初期就得到如此多巨额资本的扶持?

顶着"新兴技术"与"下一代互联网基础"名号诞生的区块链,其所带来的意义,已经远远超过了技术范畴本身:它不仅仅是一项技术、一项帮助互联网走入下一阶段的工具,同时更是一种思想。

它秉持着开放、共享与去中心化的态度,将互联网从"传递信息"推向"传递价值"的未来。如果说当下的互联网专注于改变信息传递与知识获取,那么,区块链所改变的,是价值传递的方式以及价值获取的规

区块链：技术驱动商业模式重构

则——从这一角度上来说，它远超越"技术创新"的定位，同时更是"商业逻辑"的革新。

所以，才有了这样的说法，区块链建立于互联网基础之上，但却是一个全新的存在：它链接一切有价值的东西，并最终有望成为人类新的价值储备、传递与交换的渠道。比如，未来，你在现实世界中的房产，或许可以通过区块链来进行价值确权；你的医疗数据可以换来加密货币，并用来支付健身房的月卡费用；你无意间写出来的经典句子，每一次被人转发，都能给你带来新的收益……

区块链对现有社会的冲击与改变是我们此时此刻所无法想象的，眼下，它暂时只是一项相对遥远的技术创新，既不能印钱，更不能让你一夜暴富。但是，它所带来的宏大的未来却必然惠及我们的生活。

一切就像 20 年多前刚刚萌芽的互联网一样——直到现在，我们中的大部分人都不懂得什么是互联网底层的 TCP/IP 协议，但我们却因为互联网提供的服务，享受到了前所未有的便捷。

历史不会重演，但总是押着相同的韵脚。

将来，我们是会在区块链上打车、点外卖、发行个人专辑，还是区块链上运行分布式自治的新型公司架构，并发行独立的加密货币，成为重组世界组织形态的中坚力量，现在来看，尚且无法下定论。

但可以预见的是，在区块链不断发展强大、相关基础设施不断增多、区块链技术人才日渐涌现的未来，一个更开放、更值得信任、更安全的新世界必然到来。

顾娟

2020 年 1 月

目录

第一章
区块链经济学，推开全新商业世界的大门

1. 诞生于社区，进化于市场 / 2
2. 从 1.0 时代出发，向 3.0 进发 / 5
3. 区块链的源起：软件与博弈论 / 11
4. 区块链的目的：用技术实现信用的共享 / 17
5. 立足基础模型框架，实现各取所需 / 20
6. 组织与激励：各花入各眼 / 28
7. 区块链和我们的关系 / 32

第二章
基础概念："只为生产力服务"的价值体系

1. 由心算记账到公开记账系统 / 40
2. "价值转移"的本质 / 43
3. 与区块链相关的四大核心概念 / 47
4. 四大特点造就高效率运作模式 / 60
5. 币圈与链圈之争 / 63
6. Token：区块链的初心 / 66

第三章
开放性系统，用算法打造共识网络

1. 大格局：站在生态系统边界，力塑透明系统 / 74
2. 区块链就是一个大型共生体 / 78
3. 激励全节点维护实现"链"接 / 81
4. 从降低交易成本开始，提升价值交换的效率 / 84
5. 用共识算法验证每一笔交易 / 89

第四章
立足智能合约，带来新运营模式

1. 智能合约：是你的偷不走，不是你的拿不了 / 96
2. 过去，我们为第三方付出的机会成本 / 99
3. 将"基于人性的信任"替换成"基于代码的信任" / 104
4. 让一切都基于协商好的规范与协议 / 106
5. 低成本、高效率下的低欺诈率 / 110
6. 一切可以数字化的东西，都可以上链 / 112

第五章
去中心化经济范式，以最小成本获取最大价值

1. 未来，谁更有潜力 / 118
2. 当大数据时代全面来临 / 122
3. 区块链加持下的大数据 / 128
4. 再建价值高达数百亿的共享经济 / 132

    5. 当阿尔法狗用区块链变得更强大 / 135

    6. 在物物相联的时代里 / 138

第六章
区块链+现实，中心体系平台被颠覆

    1. 区块链 + 金融：互联网与金融科技的冲击 / 144

    2. 区块链 + 医疗：解决医疗最大的问题 / 157

    3. 区块链 + 能源：提供能源互联网真正落地的技术保障 / 163

    4. 区块链 + 慈善：重建服务性组织 / 169

    5. 区块链 + 文化产业：为创意定量计价 / 176

    6. 区块链 + 游戏：让玩家享受前所未有的信任 / 184

第七章
除了文化，一切都能外包的新管理

    1. 以文化为基底的新公司 / 192

    2. 公司新框架：分布式自主运作企业 / 196

    3. 海星式自成长组织 / 199

    4. 新式协同工作：当上下级关系变得透明 / 205

    5. 立足 Token，改善传统激励模式 / 209

    6. 管理角色终结，但管理任务长存 / 214

    7. 权力的去中心化与自动流程化 / 218

第八章
区块链带来机遇，更带来风险

1. 现实：进入区块链 3.0，需要付出更多 / 224
2. 政府的态度决定区块链的未来 / 227
3. 是否有必要完全去中心、去中介化 / 235
4. "去中央控制方"与"新型中介"的定位 / 239
5. 占位区块链？先看看技术门槛再说 / 243
6. 从黑客攻击来看比特币的安全性 / 247

第一章
区块链经济学，
推开全新商业世界的大门

"对未来几十年影响最大的科技已经出现了！"说出这句话的人不是别人，正是被誉为"数字经济之父"的美国经济学家唐·塔普斯科特。这位研究信息技术对商业与社会影响的学者认为，如今，技术层面的深刻革命已然发生，不过，它绝非简单的互联网概念，而是基于技术基础上的全新的经济运作理念。我们甚至可以说，从其诞生开始，便已经在对现有商业模式进行颠覆了。

1. 诞生于社区，进化于市场

在人类历史上，多的是各种各样的组织形式，而在这些组织形式中，最成功的莫过于"公司"。看看我们每一个人将每天最重要的 8 小时用在哪里就知道了。

互联网时代里，除了公司以外，最成功的组织形式即"社区"：作为现实组织形式的一种衍生，在各个网络论坛之后，QQ、Facebook、INS 等社交软件也迅速崛起，并在互联网中建立起了牢不可破的地位。它们由各自的公司运作，接纳其他人在其基础上创建社群与组织，共同构成了一个相对开放的生态系统——区块链技术便起源于这样的网络组织。

1.1 建立在共识基础上的传统网络社区

日常生活中，网民们常说的社区即"网络社区"。很多年以前，我们便已经习惯将"论坛"称为"社区"；就算是现在，很多人依然习惯叫某个论坛为某某社区。不过，随着对网络社区的认知不断加深，你会发现，"社区"的概念远比"论坛"更大：论坛只是社区里的公共活动与议论的场所，同时，人们也通过论坛组织、展开各种各样的社区活动，而这些活动又反过来，促进了社区文化的增长。

与现实社区一样，网络社区同样是人的集合体，只不过，网络社区的成员们之所以在论坛相聚，更多的是因为彼此具有相同的文化、兴趣。比如，铁血社区的铁粉们，多是军事爱好者；天涯社区的用户们，则大多爱好娱乐八卦；水木清华社区的参与者，则多是高知分子。

网络社区有着其自身的治理结构与治理方式。它就像一个城市一样，有着稳定的自我运转机制，它们通过制度管理成员与平台，塑造起自身的文化。在此过程中，社区的运营者就像城市的管理者一样，"建立规则、不断优化规则"是他们最核心的职责。

仅拿天涯社区来说，天涯有着非常完善的站务体系，许多版主与管理员都是义工，他们通过约定俗成的规则与方式，展开对社区的治理。

值得一提的是，因为文化与地域的差异性，网络社区存在着无形的边界：上海人集中的社区，北京人很难融入进去；高知分子聚集的社区，哪怕一样在讨论家长里短，但因为看问题的视角不同，非高知群体很难理解他们的观点。而区块链社区更是因为存在着难以逾越的技术门槛，普通人很难参与进去——这便是在社区发展过程中，人与人聚集在一起时的"共识"特征。

1.2 诞生于社区中的区块链社区

区块链社区并非一个拥有严格定义的学术词汇，它随着区块链技术的发展而出现，表现出来的意思非常广泛：

★ 有些人将区块链论坛称作区块链社区，就像巴比特论坛；

★ 有些人会用它来指代区块链行业，就像金融界/媒体圈；

★ 有些人会用它来指代区块链项目，就像比特币社区。

而我们之所以说区块链诞生于社区，就是因为其最后一种意义指向：围绕着一个区块链项目发展起来的生态社区。

◆ 区块链社区拥有社区的共识特性

正是因为社区具有共识特性，因此，共识也是区块链的核心特点之一。

不过，除了在成员间存在"共识"这一共性外，区块链社区与传统社区有着很大的区别：网络社区呈现出了中心化的特点，创始人或者社区管理员拥有绝对的否决与通过的权利，而这种方式意味着较大的风险：社区的存活与发展，永远取决于顶层的少数几个人。一旦这几个人不堪重负，或者社区中有影响力的用户离开，社区极有可能会毁于一旦。

事实上，这一场景在很多社区的发展史上曾经反复出现。想要解开社区发展的这一死结，就必须要"去中心化"：将一个高度中心化的网络，转变成一个几乎无中心化的网络。

◆ 区块链社区是开源化设计的

与传统社区最大的不同在于，由于区块链与生俱来的技术门槛，所以，它为了吸引志同道合者，本身就设计成了开源的特征：任何人都能够在需要的时候自由地加入、自由地退出。

什么是开源？

我们可以将软件或网络项目的制作过程比喻成菜品烹饪的过程：你有一道绝手好菜，如果你不想让别人知道制作方法，只会在最后将菜品端出来给大家吃——此时，这道菜的制作过程就是非开源性的。

但是，如果你不仅公布了自己的做菜方法、具体流程与用料数量，同时还将厨房设计成了开放式的。喜欢这道菜的人都可以进来看来你做菜，学习你做菜的技巧，他们还能根据自己的喜好更改菜谱：喜欢吃辣的人，可以多放辣椒；喜欢清淡的人，可以少油少盐——此时，做菜的过程就变开了开源性。

软件的开源也是一样：源代码就是你的做菜过程，你可以在拥有开源许可证的情况下，将过程公布出去。

开源许可证是一种对商业应用友好的许可。在该许可证下发布的软件，所有用户都可以自由使用、接触到源代码，从中学习以进行自我编程能力的提升。如果有能力的话，用户还可以按着自己的喜好修改、复制与再分发。

由于开放源码软件是面向全世界公开的，其开发者与学习者可能身在中国，也可能身在美国，因此，互联网上的开源社区便成为了这些人沟通交流的必要途径。所以，在推动开源软件发展的过程中，开源社区起着巨大的作用。

近年来,随着比特币与其底层技术区块链受到了越来越多的关注,其源代码的开源形式也被视为一种建立技术信任的机制。英国著名的《经济学人》杂志将区块链比喻成信任的机器,而这一信任机器的内在核心要求就是它是透明、公开的,因此,开源特征便日渐成为了区块链行业发展的趋势。

共识与开源两大特性,使区块链社区形成了一种开放、平等、自治的状态。组织中的每一个人,都作为一个微小且独立的参与者、贡献者,参与到区块链的项目发展中来,而这也体现了人类的最终渴求:独立、自由、平等。

正是因为区块链社区的特性与人性深层次的需求相符合,因此,在不久的将来,区块链社区也将与公司一样,有机会进化成为成功的社会组织。

2. 从1.0时代出发,向3.0进发

比特币与区块链的起源在哪里?

毫无疑问,其诞生源于2008年,一个署名为"中本聪"的人发表了一篇名为《比特币:一种点对点的电子现金系统》的论文,文中首次提及了"blockchain"的概念。简单来说,该论文提出对区块形式的数据通过技术手段,使其变得公开、透明且不可篡改,从而解决了电子现金的安全问题。

这篇论文并不长,翻译成中文后只有13页。虽然它并没有发表在金融或者计算机核心期刊上,但其逻辑严谨、推理有力。由该文开始,整个比特币的理论基础被奠定。

2009年,又是这个署名为中本聪的人,按着这一论文,写出了一套代码,并让这套代码正式运行——随着中本聪从该系统中挖掘出第一批比特

币开始，比特币生态体系正式迈入区块链 1.0 时代。

2.1 区块链 1.0 时代：数字化支付时代

在图 1-1 中我们可以看到，区块链 1.0 阶段主要集中在数字化支付上，虽然这一阶段做得并不多，但它使数字货币与区块链走入了现实世界，并围绕着比特币这一基础数字货币，展开了诸多的业务以及周边服务——对区块链整体发展来说，这就足够了。

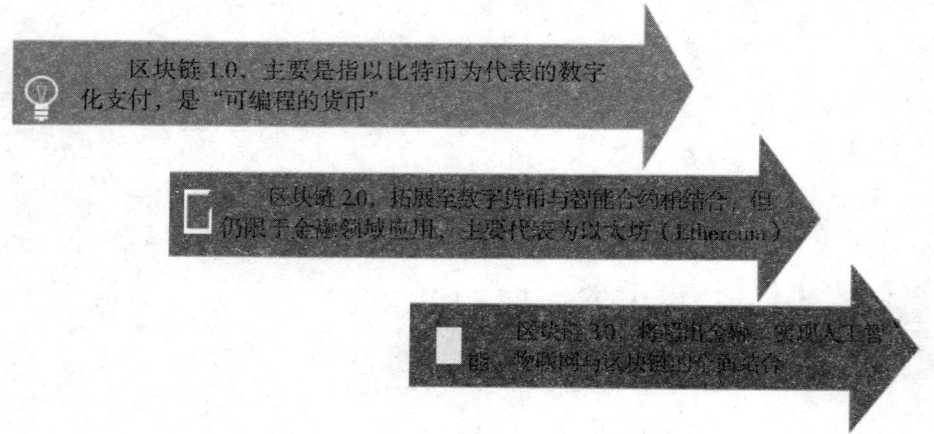

图 1-1　区块链 1.0～3.0 的业务变化

随着以比特币为代表的数字货币走入现实，还有过一段笑话：2010 年 5 月 22 日，一位名叫 Laszlo Hanyecz 的美国程序员使用 1 万枚比特币购买了两个披萨——当时，一枚比特币价值仅为 0.003 美分，而在 2018 年 7 月 19 日，其价格为 7429 美元/枚。

回头来看，买披萨这件事情早已成为比特币历史上的笑谈，但从另一个角度来说，这次行为将电脑中挖的那些虚拟货币与现实中的实物联系起来，因此，它被广泛认为是使用比特币展开的首笔交易。毫无疑问，对于区块链的发展来说，这是具有里程碑意义的。

眼下，区块链的发展得到了欧美一些国家市场的接受，同时也催生了大量的货币交易平台。在全球范围内，截至 2019 年 9 月，接受比特币支付的企业多达 1 万多个，其中不乏微软、戴尔、星巴克、汉堡王和美国电信巨头 AT&T 等国际性跨国公司。

区块链 1.0 时代，其所具备的数字货币与支付平台的功能只有一个目的，即去中心化（有关它如何实现去中心化，我们会在后面提及）：它勾勒了一个宏大的蓝图，未来的货币将不再依赖于各国央行的发布，而是依赖于全球化的货币统一。

不过，随着支付需求的增多，以数字货币与支付行为为代表的区块链 1.0 存在着两大弊端：

① 在设计之初，中本聪将比特币区块的大小设置为了 1M。到了后期，随着参与比特币挖掘与交易的人越来越多，交易频次越来越高，人们对比特币的需求也不断增高。这种情况下，节点与节点之间的转账速度变得越来越慢。虽然后面程序设计者们对比特币社区进行了扩容，并推出了比特币现金，但问题只是得到了缓解，并未彻底解决。

② 平台只满足数字货币的交易与支付功能，使得该功能并不能被大范围地普及到日常生活、现实商业运用中，这使其未来发展空间被大大局限。

随着区块链技术的不断发展，区块链 2.0 时代正式开启。

2.2 区块链 2.0 时代：以智能合约为依托的社区

其实早在比特币创建之初，中本聪便考虑让其具有可编程的开源特征，以期日后可支持多种交易类型。在 2013 年至 2014 年间，俄罗斯程序员维塔利克·布特林（Vitalik Buterin）在参与比特币社区建设的过程中，受比特币启发后，写下了《以太坊白皮书》，白皮书中提出了以太坊的概念。

以太坊在建设过程中，也推出了基于区块链技术的加密货币"以太币"。但其更重要的作用在于，它将自身建设成了一个共有区块链的平台。并为构建多样化的各式应用开启了大门，使开发者可以创建任意基于共识的、可扩展的、易于开发、具备协同性的应用。

简单来说,以太坊将比特币社区的开源系统进一步开源化,在其上面设置了各种各样的工具,使其对程序人员而言更简单、更易操作。因此,业界人士都将以太坊视为区块链2.0的形态。

以此为发端,区块链2.0上可实现的应用远远超过了简单的数字货币:它可以用来注册、确认与转移不同类型的资产与合约(比如,各类金融交易、公共人记录与私人记录等),从而实现了对整个市场更宏观的去中心化。

拿最简单的例子来说,街上的自动售货机,你投入5元,然后,按个某品牌的饮料按钮,几秒后,便会有一瓶对应的饮料出来。这个"投币——→选择商品——→商品自动出现"的过程,就是一个简化后的智能合约从签约到执行的完整过程。仅从自动售卖饮品这个例子,我们就可以看出智能合约的特点:一旦投币、选择商品后,机器就会按着预定好的程序运行,直到饮品交货,合约都是自动履行,不可能再改变,也不可能被第三者操控。

虽然真实的智能合约运用场景远比这一例子复杂,但区块链2.0时代的智能合约技术便是这样的,听上去是不是很智能、很便捷?

现阶段,因为参与规模与应用所属领域的局限性,区块链2.0时代的要素主要呈现出图1-2中的特征:

由于智能合约的加持,以太坊拥有了操作系统级别的想象空间与强应用场景,因此,它成为了目前最好的区块链公开系统。

在以太坊为代表的区块链2.0时代,区块链变成了一台全球计算机:任何人都能够上传与执行任何程序,并且基于智能合约,程序能够被有效地执行。而这种保证所依赖的,正是区块链系统去中心化的、由全球成千上万台计算机共同组成的共识网络。

第一章 区块链经济学，推开全新商业世界的大门

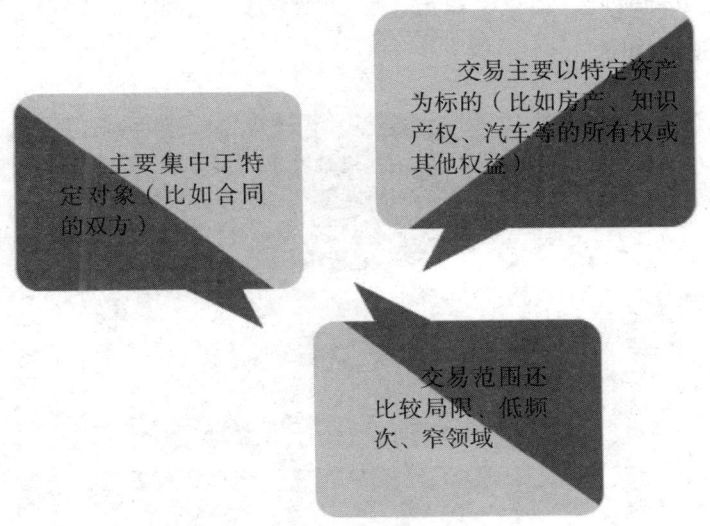

图1-2 区块链2.0时代的三大特点

2.3 区块链3.0：价值服务时代

如果非要给眼下区块链的发展定位一个时间段的话，那么只能说，目前整个区块链都处于2.5时代，真正的区块链3.0还未到来。

未来，区块链3.0将与互联网一样，成为实现信息共享的基础设施，并进一步应用到金融、司法、医疗、物流、教育、房产、艺术、收藏等多个领域（图1-3）。而其最明显的特点就是，未来市场将不再依赖于某个第三方或者机构建立起信用，从而节约人力与时间成本，提升效率。

在未来，有关区块链3.0的使用场景，日后可能会有以下方面的应用：

◆ 全自动化的采购过程

如果你是一家酒店保洁部门的主管，想要将清洗床上用品的任务外包出去，那么，你完全可以在区块链上订立一个自动化的订货流程，来追踪合约的执行过程：智能合约会判断，哪一清洁公司符合你的要求，哪家清洁用品的价格最低、质量最优，并在对方执行各自的工作任务后，根据对

9

方动作完成的时间、地点、数量、质量等信息，自动完成全额支付、部分支付、补贴和罚款。

图1-3 区块链3.0时代，智能化生活开始普及

可以看到的是，在这一过程中涉及了多个采购方、供货方、物流、银行等多方协作——这便是3.0时代交易的一个重要特点：参与方是不特定的多个对象。

◆ 智能化物联网应用

如果有一天，你开车回来后发现自己的车变得很脏，于是，你往手机里输入了一些指令：在什么时间、车子开去哪里进行自动清洗，洗完再自己开回车库。

输完指令你就回家了，吃饭、休息、看电视——当你再出门时，便会发现，车子干干净净地停在你的车位上。这便是3.0时代：我们能够用区块链技术实现监控、管理等职能的自动化执行。

◆ 供应链自动化管理

有关这一项，眼下已有雏形：比如，农产品、红酒、奢侈品等供应链与区块链结合的应用，它们主要解决溯源问题，并验证商品的真实性：你打开一瓶红酒，就知道它产自哪里，用于生产它的葡萄是怎么被种植出来的，它又是如何被酿成红酒、如何保存与输运的——总而言之，你将看到一颗葡萄是如何变成一滴红酒的。

区块链 3.0 时代其实就是区块链真实、完全落地以后的应用场景，可以说，当区块链技术拓展到各个行业后，我们将能够看到一个"可编程"的社会。

这也正是区块链从 1.0 发展到 3.0 之间的区别：区块链 1.0 与 2.0 的时代里，因技术的原因，它被局限在货币与金融行业中，仅仅小范围影响并造富了一批人。而区块链 3.0 将会赋予所有人一个更大、更宽阔的世界，它将不再是一种币、一个链，而是生态化、多链构成的网络，类似于 windows 操作系统，或者类似于遍布全球的一个巨大的电脑操作系统。

因此，我们可以预见的是，终将到来的区块链 3.0 时代，区块链的运用将远远超越货币、支付和金融这些经济领域，它将利用自身的技术优势，重塑人类社会的方方面面。换句话来说，我们每一个人的生活都将因它而改变、因它而受益。

3. 区块链的源起：软件与博弈论

区块链并不是一项单纯的技术，而可以视为是软件工程与博弈理论结合后的产物，而这两个领域早已独立存在与发展了很久。

3.1 软件：辅助区块链的信息交流

从软件工程的角度来说区块链未免有些太过复杂，但我们可以试着理解一下：如果一个普通人想成为区块链开发人员，那么，他首先要是一名具备软件开发能力的软件设计人员。

若你熟悉软件开发，那么，区块链对你就没有太大的困难，因为开发区块链并不会涉及技术转行问题。区块链依然使用通用编程语言。

在图1-4中我们可以看到，程序设计人员想要参与区块链编程，必须要懂两种新的编程语言。其中，Solidity是面向以太坊区块链开发智能合约的面向对象编程语言。另一个有前途的技术是Hyperledger，这是一个由开源技术组成的区块链平台，Hyperledger允许用户创建分布式账本或自己的区块链框架。

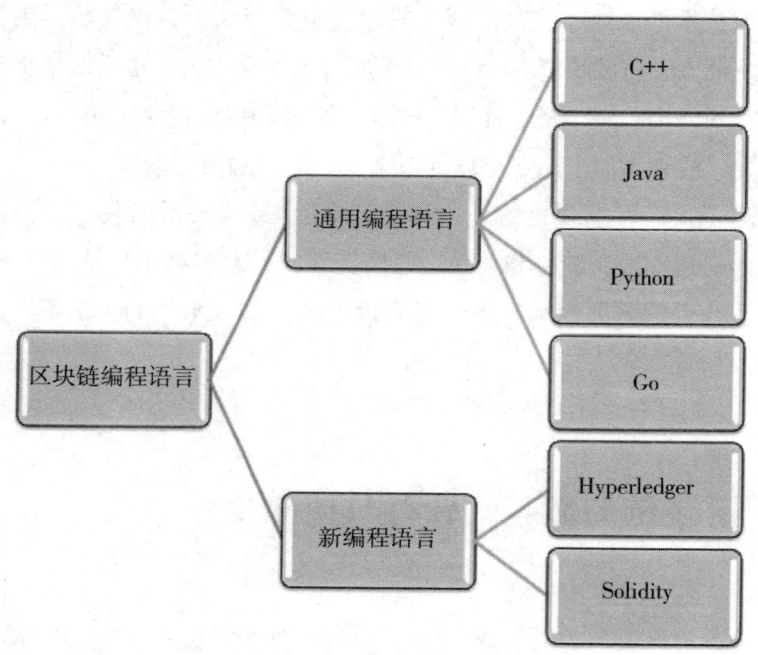

图1-4　参与区块链所需要的编程能力

对于初入区块链的开发者来说，他们必须要拥有扎实的算法与数据结构知识。入门区块链时，IBM Blockchain 101课程会很有帮助，不过，更重要的是个人在后期要懂得加密算法，因为这是区块链整个技术体系的核心所在。如果你致力于成为区块链工程师，那么，深入了解Java/C或Python/Go都是必须的。

如果你在未来想要专注于智能合约的开发，那么，你需要将自己的能力更进一步：你不仅需要 JavaScript 开发经验，同时更要熟练掌握 Solidity。

◆ 区块链与程序开发基础软件 Java 的关系

大部分人都知道，Java 是一门高端的计算机开发编程语言，并因为其有图 1-5 中的特点而被人们广泛应用。

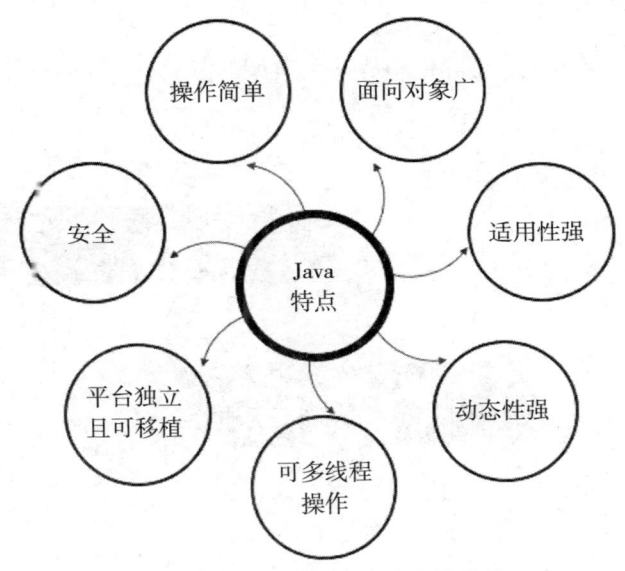

图1-5　Java编程语言受欢迎的原因

区块链发源于互联网，对于这一内容，你必须要掌握一门可以在互联网与他人沟通、向外界发声的语言，而以 Java 为代表的软件就是这种语言。

如今，Java 是世界范围内应用最广泛的编程语言，而其应用领域与区块链拥有天然的契合。因此，如果想要学习、了解、参与到区块链的开发过程中去，Java 编程语言是一个无法避开的内容。

而我们可以看到，区块链在比特币社区中其实是一个相当重要的基础存在部分，它对安全性的要求特别高，而 Java 由于已经实践了多年，在安全领域早已积累了丰富的实践经验，所以，不管是学习还是开发区块链，都无法离开 Java 的参与。

软件工程与区块链的关系，由此可见一斑：区块链本身就是各类信息的汇总，而以 Java 为代表的各类软件又帮助信息之间实现更好的交汇。区块链与软件的关系，就如数学与科学界的关系一样：没有数学，物理与化学领域中的一些深刻概念便无法表达。

3.2 博弈论：证实了区块链下的帕累托最优状态

如图1-6所示，在博弈论中有两个典型的游戏：

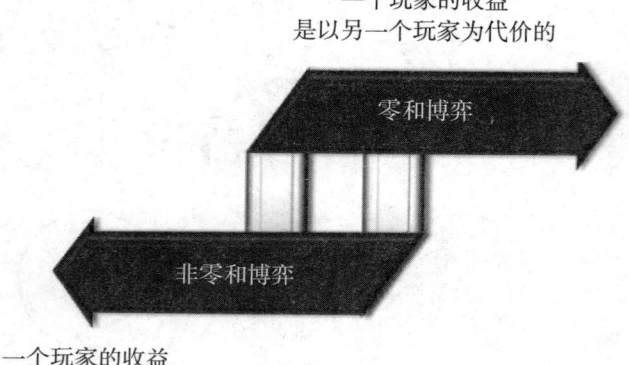

图1-6 博弈论的两种典型

在这两种游戏，区块链更倾向非零和游戏：它通过分布式共识开源，完美地实现了玩家与玩家利益间的不受损。

先讲结论，区块链使用分布式共识开源完美实现了纳什均衡的帕累托最优。同时区块链使用智能合约完美刻度化制度经济学的核心部件合约。

◆ 纳什均衡的帕累托最优

什么是"纳什均衡"？

我们可以先从一个常见的现象来解释，比如"价格战"：生产同一样产品的A、B、C、D四家公司会形成一个稳定的状态，在这一状态下，各家所卖的产品价格保持基本一致，消费者选择各家产品的概率是均等的，此时各方就形成了一个"纳什均衡"。

但是，如果其中一方打破了默契，开始"薄利多销"，以求更大利润空间，那么，其他家很快就会跟进，相互压价。刚开始降价的一方在短期内可能会有销量与利润上的提升，但最终结果是所有人的利益都受损——这也是市场上恶性竞争的源头。

而"纳什均衡"就是通过数学的方式，证明了在一个非合作、非信任的博弈环境下，当各方达到纳什均衡的状态下时，不管是A还是B，任何一个参与者，单独改变自己的策略，都不会得到好处。

区块链本身具备的特性，为在纳什均衡状态下实现或趋近帕累托最优提供了天然的优良土壤。

◆ 区块链的信息是分布式共知的

在传统经济学理论中，有"完全信息条件"一说，即竞争参与者的信息被假设成完全公开状态。区块链上的信息上链公开，则基本上实现了这一点，极大地缓解了"信息不对称"现象，为交易双方做出最符合自身利益与共同利益的决策提供了前提。

◆ 区块链上的交易权利是均等的

古典经济学理论里强调，理性人通过自由的交易决策实现最优。但在现实情况下，通常交易双方会因为资源、地位、能力与信息等方面存在着巨大的差异，造成事实上的交易权利不均等，所以很难实现自由的交易决策。

这就好比电商与网购未出现以前的购物模式：消费者自身没有进货渠道，并不知道一件商品到底多少钱购买才最合适。但在网购出现后，你虽然同样不了解进货价格，但因为选择对象增多，你会针对同一款产品对比不同的商家，进而决定自己到底购买哪一件。

而区块链技术则比现有的互联网更进了一步：在区块链技术的加持下，卖方与买方都有完整的交易数据，每一个交易主体都能够根据自己掌握的信息进行自主决策，因为"买"或"卖"交易角色不同而产生的差异性几乎不再存在。

更重要的是，区块链上所有交易主体、交易信息都是以数据存在的，而这些数据又是不可逆转、不可篡改的，而交易机制又是系统自动执行的：你下了单，钱就会自动转到对方账户，对方必须要发货，否则就要付违约金，这一过程不可逆转——"智能合约"的这种特性大大减少了交易噪音的存在，为交易提供了高度的纯粹性。

◆ 交易重复性

区块链的存在本身就是为了促进信息交换而设计的，因此，其所有的机制设计基本上都是为了促进"最优化交易"而存在的。这种天然的交易性，使传统环境中很难实现的"重复博弈"得到了良好的解决。

换句话来说，产生信息的目的就是为了交换，这次的交易就是为了下一次的交易存在的。这种博弈机制不仅存在于交易双方之间，更存在于所有区块链交易主体间。

这更像是网购机制的进步版本：你花费两万多从 A 店买了一双阿迪达斯的"YEEZY 椰子鞋"，但最后发现买到的是假货！于是，你给了店家差评。但这个差评是只有打开这家店后才能看到的。可如果对方是在区块链上卖了假货，那么，所有买家都可以看到他"卖假货"的信息，对他的交易信誉会产生一系列影响：

他的买家会对他所售的所有商品持怀疑态度，哪怕它们是真的；

他的银行会看到这一信息，并因此加强对他的信息审核；

他的合作者会因为这一评价，而对他的人品产生质疑；

……

这种标签一旦被树立，在"重复买卖"的博弈中，自然会落败。因此，区块链中的每一次信息交换、每一次博弈，都可以看作是多次重复博弈中的一次。

也正是因为每一个人都非常清楚自己造假、售假会对自己在区块链上的声誉造成永久性的损害，所以，会尽心维护自己的声誉。也正是因为这样，每次博弈都可以存在纳什均衡状态下的帕累托最优可能性。

4. 区块链的目的：用技术实现信用的共享

从比特币社区到以太坊，本质上来说，区块链要做的事情，就是让各方参与者能够在技术层面上建立起信息关系。

眼下，区块链大致可以分成图1-7中的两个层面：

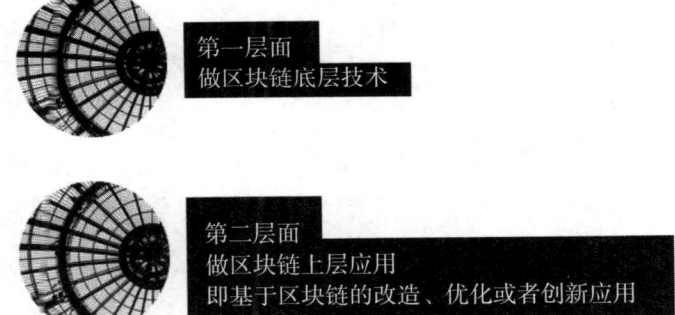

图1-7 区块链的两个层面

在技术人员们看来，未来通过区块链技术可以形成一个全新的生态体系，这一体系可以结束没有区块链以前的问题（图1-8）。

立足于这一美好设想，区块链眼下已经发展起了五个底层平台。

（1）比特币

这也是我们刚刚所说的区块链的第一发展阶段，它是最早的区块链开发平台。由于比特币是全球最广泛使用的加密货币，再加上其社区设计是真正意义上的去中心化，因此，仅就区块链应用来说，比特币就是世上最强大的锚，拥有最大的权威性。

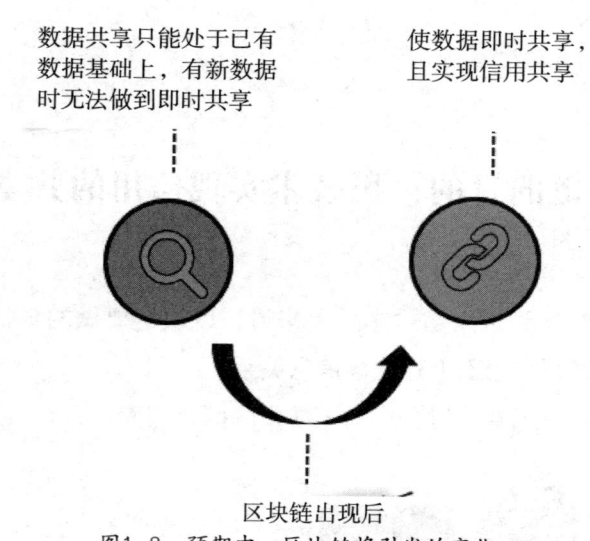

图1-8 预期中，区块链将引发的变化

（2）以太坊

可以说除了比特币以外，以太坊眼下是区块链平台上最吸引眼球的。

从图1-9中我们可以看出，以太坊是一个图灵完备的区块链一站式开发平台。

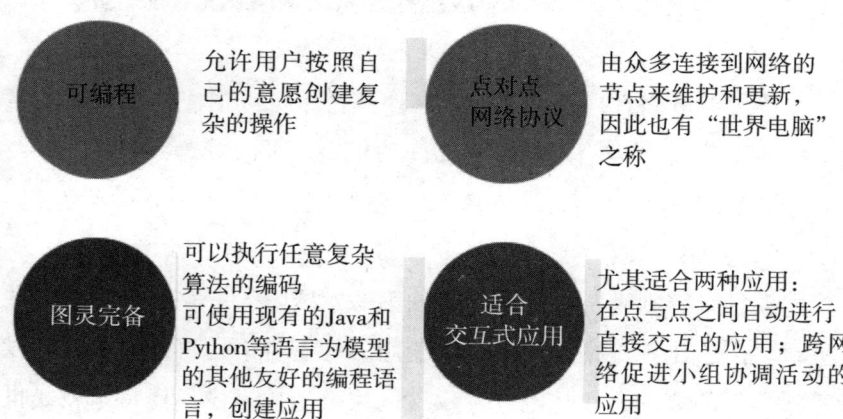

图1-9 以太坊是一站式开发平台

（3）IBM HyperLedger

又被称为fabric，源于蓝色巨人IBM。不过，其开发初衷只是为了服务于工业生产。发展到后来，其目标开始变成将平台打造成一个"由全社会来共同维护的超级账本"。

值得一提的是，IBM将平台内44000行代码全部开源，对于眼下相对封闭的区块链平台设计来说，这种牺牲了公司利润与商业机密的举动本身就是了不起的贡献：IBM多年在此领域中积累的经验，以及本身对区块链技术的探索经验，都使其他区块链开发者可以去有机会去近距离探索fabric的设计，从而了解这一与比特币有别的区块链平台的原理。

（4）LISK

诞生于美国，这是新一代的区块链平台。它允许JavaScript的开发以及基于分布分散式应用程序，相关人员可以在上面编写去中心化的应用程序，同时又不需要学习一般区块链较为复杂的编程语言。这也透露出了该平台的野心：致力于将自身打造成一个易于使用的、功能齐全的生态区块链系统。

（5）网录区块链平台

国内知名区块链平台，在业务上定位于为企业/政府单位提供企业级区块链应用技术。该平台针对国内应用领域，结合了最新的区块链技术趋势，力图打造国内乃至于世界领先的底层平台。

这一平台除了服务于网录区块链平台的公链以外，也有网录为客户打造私有链和联盟链的基础平台。对于区块链能够发挥明显价值的行业，网录平台希望能够通过底层平台+POC搭建+方案实现为企业提供清晰的区块链落地路径。

5. 立足基础模型框架，实现各取所需

区块链是一个开放性的系统，在这个系统中，我们可以通过自身项目的需求，来设计项目。

5.1 立足不同需求，选择不同构架

日常生活中，我们的账本是一页页地写在账本上，逐笔记录的，最终汇聚成册，形成一个完整的账本。一个账本记录完，再在一个新账本上开始新一页的记录。最终，所有的账本按着时间顺序，组合在一起，形成一个总的账本——其结构非常清晰、简单。

既然区块链也是一个账本，那么，它又是什么样的架构呢？

其实，有关区块链架构的问题，业内早已达成了共识：区块链自下而上，可以分为图1-10中所示的六层。

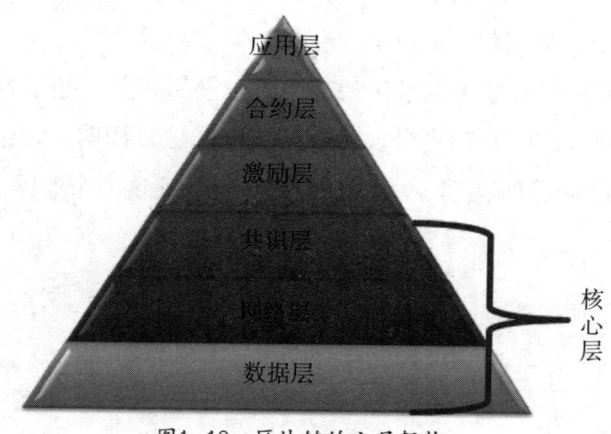

图1-10　区块链的六层架构

其中每一层中，都有其对应的核心功能（图1-11）。

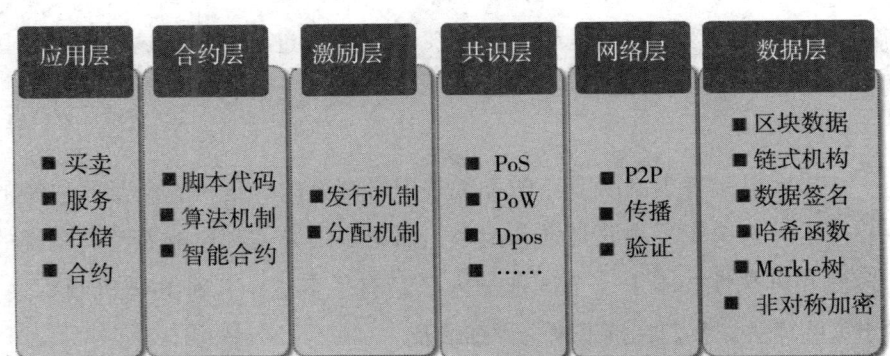

图1-11　区块链不同层次的作用

5.1.1　必要的数据层、网络层与共识层

数据层、网络层、共识层是构建区块链技术的必要元素，这三层缺少了哪一层，都不能称之为区块链项目。

▶ 数据层

数据层是区块链的底层，它封装着底层数据区块的链式结构，以及相关的时间戳、非对称加密技术等相关内容。这是整个区块链技术里最底层的数据结构，同时也是眼下互联网世界中构建全球金融系统的基础。在长达数十年的使用中，证明了它非常安全与可靠，而区块链则巧妙地将这些技术结合在了一起。

▶ 网络层

网络层中包括了P2P（点对点）组网机制、数据传播机制和数据验证机制等。早期，P2P组网技术被应用在BT一类的P2P下载软件里，这意味着区块链拥有自动组网的功能。

该层面的主要目的是实现网络节点之间的信息交互，而其P2P特性也决定了每一个节点既能接受信息，也可以产生信息，节点与节点之间通过维护同一个共同的区块链来保持通信。

21

在区块链的网络里，每一个节点都能创造出新的区块，在新区块被创造出来后，会用广播的形式通知其他节点，而其他节点则会反过来对这一节点进行验证。当区块链里超过了51%的用户通过了验证，这个新的区块就会被添到主链上了。

▶共识层

共识层里封装了网络节点的各类共识机制算法，这种算法是区块链的核心技术，它决定了到底是谁来记账，而记账的方式则影响着整个系统的安全性和可靠性。眼下，全球范围内已经有了多达十几种共识机制算法，对于这些算法，我们在接下来会详细谈及。

这三大层面类似于电脑的操作系统，失去了这三大层次，便不再是一个完整的区块链产品。它们共同联合，维护着网络节点，构建起了网络环境、搭建起了交易通道。

5.1.2 非必要的激励层、合约层与应用层

▶激励层

激励层即区块链体系中的经济激励因素，我们之前提及的"挖矿"节点奖励规则也是在这一层面制定的。不过，至于你要交易什么、想干什么，激励层并不会过问，也没有这样的权限。这一层面是现阶段开发者聚集的地方。

激励层包括了发行机制与分配机制等，而且，主要出现在公有链里。在比特币一类公有链里，严格遵循着这样的规则：激励遵守规则参与记账的节点，并且惩罚不遵守规则的节点。也正是因为有了这样的规则，整个系统才朝着良性循环的方向发展。

而在像公司链一类的私有链中，则并不需要进行激励，因为参与记账的节点往往是在链外就已经完成了权利分配。比如，公司链中，企业的管理者总是拥有记账权的那一方。

▶合约层

合约层里面封装着各类脚本、算法和智能合约，它是区块链可编程特性的基础。这个层面类似于电脑的驱动程序：没了它不妨碍电脑的运作，但有了它电脑运作得会更顺畅——合约层的出现，也是为了让区块链产品更实现。

有关这一层面，目前市场上提到最多的就是"智能合约"这一概念了，这是典型的合约层应用开发。而所谓的"智能合约"，其实就是"可编程合约"，我们也可以称之为"合约智能化"。其中的"智能"是执行上的智能，也就是说达到某个条件，合约自动执行，比如自动转移证券、自动付款等。

比特币区块链本身就具备简单的脚本编写功能，而以太坊则极大地强化了编程语言协议，理论上来说，它可以编写任何功能的应用。因此，如果将比特币看成是全球账本的话，以太坊可以看作是一台"全球计算机"，任何人都能上传、执行任意的应用程序，并且程序的有效执行能得到保证。虽然目前合约层还没有完全成型的产品，但不可否认，这将是区块链未来发展的重要方向。

▶应用层

应用层里封装着区块链的各种应用场景和案例，比如搭建在以太坊上的各类区块链应用即部署在应用层。而未来的可编程金融和可编程社会也将会是搭建在应用层。

这个层面类似于电脑里的各类软件程序，是普通人可以真正直接使用的产品。眼下，这一层面的应用几乎是空白的，而这一拥有巨大潜力的层面，也恰恰是区块链在未来会全面爆发、服务于大众的关键。

国内基于版权保护的区块链项目亿书将基于亿书网络推出文档协作工具。这个可以在网络上与同事、合作伙伴创作文档、乐曲一类的工具，就是典型的应用层的产品。

不过，激励层、合约层和应用层不是每个区块链应用的必要因素，一些区块链应用并不完整地包含后三层结构。

5.2 公有链与私有链

从技术上划分的话，区块链技术眼下可划分为图1-12中的三种：

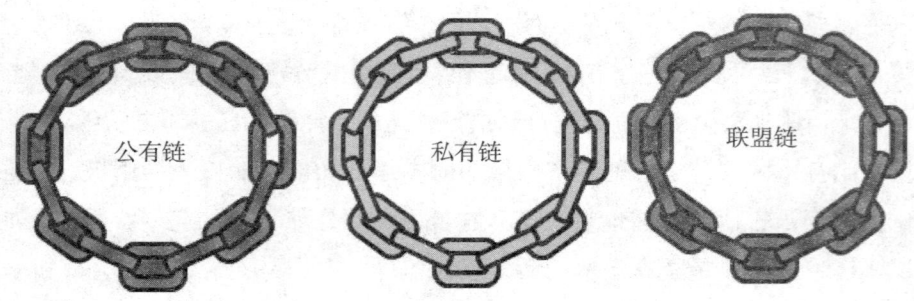

图1-12 广义上的三种区块链

不过，由于联盟链本质上依然是大型私有链，因此，我们在此处将之纳入私有链范畴中。

这种"公"与"私"的划分不仅仅是定义不同，其特点与应用情况也有所不同。

5.2.1 公有链：完全公开化的全球性账本

公有链被认为是最符合区块链"完全去中心化"精神的存在。它就像一个公开的大型贸易市场一样，对所有人公开。用户不需要注册与授权就可以匿名访问网络与区块。只要拥有一定的编程技术能力，你就能自由加入与退出网络，并参与记账与交易。只由共识过程决定着哪个区块能够被添加到区块链中，并进一步明确当前状态。

在国外，著名的公有链除了比特币、以太坊以外，还包括了全球首个POS智能合约平台，量子链(OTUM)、侧重于为物联网服务的IOTA等项目。在国内，最出色的公有链项目便是小蚁NEO，它被称为"中国的以太坊"。

从以太坊、小蚁NEO等公有链的现实操作中，我们可以观察到公有链的几大去中心化特点。

◆ 保护用户免受开发者影响

在现阶段的软件运用中，用户往往会被加以多条限制，比如微信就常常会针对某类用户出台"限号""删号"一类的措施。这种现象在小蚁NEO式公有链中不会出现，因为程序开发者无权干涉用户，所以，能够保护使用它们开发程序的用户。

◆ 访问门槛低

只要你具备足够的技术能力，都可以访问。就像美国有规定"成年人才能饮酒一样"，"成年"是饮酒的门槛，而小蚁NEO式公链的访问门槛则是，你要拥有一台可以联网的计算机。

◆ 所有数据皆处于默认公开状态下

虽然所有参与公有链的人都可以隐藏自己的真实身份来保护自己的安全性，但每一个参与者都能够看到所有节点的账户余额与其所有的交易活动。这就好像每一个人都在网络世界穿了一件隐身衣一样：与你相关的数据与最终的行动结果会被看到，但他们并不能探知你是谁、你身在何方。

眼下区块链3.0依然处于建设状态，不过，公有链已是各大巨头争相抢夺之地，这源于公有链的重要性：底层公有链其实就相当于区块链的操作系统，它就如电脑的操作系统一样，微软的Windows系统与苹果的iOS系统之争，正是因为谁拥有了更多用户，谁在未来就有更大的发展空间。

5.2.2 私有链：只属于组织独有的区块链项目

与公有链相反，私有链虽然隶属区块链，但它并不是完全去中心化的。

简单来说，它就像一个人或是一个企业的微博账号一样：这个账号需要发送怎样的内容，需要向公众传递什么样的信息，都取决于拥有权限的人。同时，管理权限的人还可以通过设置权限来控制哪些人能够看到它，哪些人不能看到它。

▶ 私有链提升了大节点作恶的成本

想了解公司搭建私有链的必要性，就必须要先了解传统的企业信息服务是如何展开的。

通常情况下，企业会通过角色的权限控制，来降低恶意修改数据的风险，但通过安全日志来监控每一个角色的系统行。

乍看之下，图1-13所展示的体系很安全，但是，如果安全日志被修改了呢？如果是类似于CEO一类拥有修改权限的大人物出现了违规操作呢？

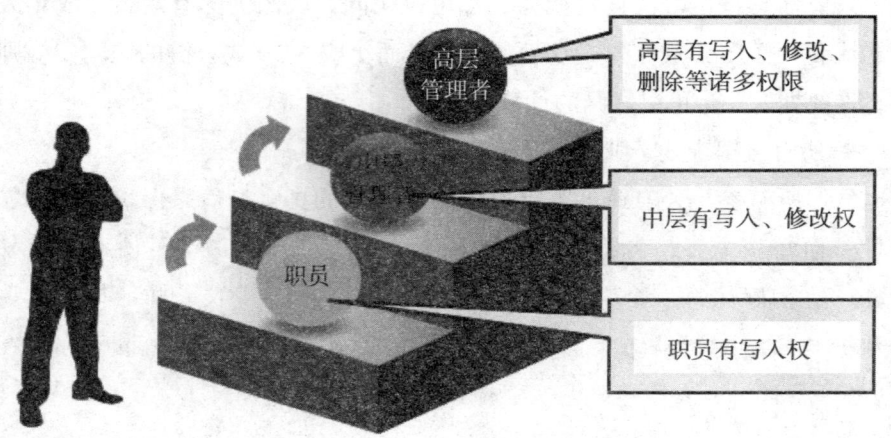

图1-13　传统信息服务中，权限随职务变动

私有链正是为了防范这两点而出现的：公司可以在原系统基础上，再部署一条私有链，将所有信息都记录在一个个的区块中。由于私有链中每一个人的动作都被记录在了环环相扣的区块中，任何人想要删除其中一个动作，就要将这个动作所在的区块，以及之后的全部区块都修改掉，同时还要一并修改那些保存在其他人那里的区块账本——这显然是个天方夜谭。

这恰恰是私有链的存在意义：它提高了大节点作恶的成本，让个人更改系统的可能性小到不可能发生。

◆ 私有链的其他四大优势

除了提升了作恶成本这一主要优势外，立足于区块链技术的私有链比传统系统与公有链系统，更能体现出下述优势：

▶ 交易速度非常快

由于私有链参与的节点少，且都是内部人员，组织可以清晰地知道，是谁在什么时间进入了系统，采取了什么操作，所以并不需要每一个节点都参与挖矿过程去验证，这加快了其运作速度。可以说，现有私有链的交易速度皆远超过现有公有链，它甚至接近了一个常规化的数据库的速度。

▶ 更能保障隐私

私有链上，节点不需要处理访问权限等各种繁琐进程，再加上非开源性质，这也使参与者的个人数据不会被网络上的任何人获得，从而降低了恶意攻击发生的概率。

▶ 大幅度降低了交易成本

在一个实体机构控制与处理所有交易的情况下，他们不需要再为自己的工作收取费用。就算处理交易者是由像竞争性银行一类多个实体机构完成的，因为每一个实体都能够高速处理完交易，且不需要节点之间的完全协议，所以，其费用依然非常小。

▶ 能够保护其既得利益

这也是为什么在现阶段技术不完善的情况下，大部分银行、证券等金融机构乐于接受私有链的关键原因：因为公有链的目的就是为了保护像比特币一类去中心化、非国家性质的货币，这便触动甚至威胁到了银行、证券公司一类中心化组织的核心利润，因此，此类实体机构会不惜一切代价去避免损失，而这些代价中就包括，暂时不将公有链纳入技术革新的范畴。

而私有链则完美解决了"保存得益"与"参与技术革新"之间的矛盾：因为私有链本身就是区块链这一大型技术革命中的一部分，所以，它既能够帮助它们保存既得得益，又能让它们不至于在新技术、新潮流中落伍。

更重要的是，不容易被恶意攻击、可以有效认证身份这两点，是金融行业必需的要求。相比于中心化的数据库，私有链能够防止机构里有人故意隐瞒或者篡改数据，就算发生了错误，也可以迅速发现来源。因此，在私有链与公有链两者间，当下许多大型金融机构都更倾向于使用私有链。

眼下，各大主流金融机构都在纷纷参与私有链的研究，以期将之运用于了解客户、反洗钱等方面。如表1-1所述：

表1-1　部分私有链开发项目

2019年，阿拉伯银行瑞士分行（Arab Bank Switzerland）与区块链技术公司Taurus合作，向其客户提供BTC和ETH的托管和经纪服务。Taurus集团管理合伙人Lamine Brahimi表示："支持阿拉伯银行（瑞士）等创新型企业发展基础设施，以支持数字资产，是确保下一代金融市场基础设施建立在区块链技术之上的必要步骤。"
2019年1月，支付宝为巴基斯坦Telenor的子公司提供区块链技术解决方案，帮助提高马来西亚与巴基斯坦间的汇款速度和效率
2018年，西班牙第二大银行毕尔巴鄂银行（Banco Bilbao Vizcaya Argentaria，BBVA）使用区块链技术发放贷款，这是使用区块链发放贷款的首家全球银行。这笔价值7500万欧元（9 133万美元）的贷款，从谈判到签署贷款都是在区块链完成的，使用两个不同的区块链——公共Ethereum区块链和私人数字分类账
2018年6月，微软与印度银行联盟（包括印度国家银行和ICICI银行）合作，后者通过Azure Blockchain，开发各类区块链项目
瑞士联合银行UBS、英国银行Barclays以及瑞士信贷Credit Suisse等银行在以太坊上测试合规平台，旨在将2018年生效的MiFID II / MiFIR规定实现自动化运行

6. 组织与激励：各花入各眼

如果你曾在小时候痴迷过《魂斗罗》这款游戏的话，你肯还记得自己第一次见它时的场景：大部分《魂斗罗》迷都认为，当时，游戏里精彩少见的打斗场景与过关考验，让他们瞬间沉迷。而这种体验对于当下很多游戏迷来说都不新鲜：除了画面越来越精美以外，电子游戏核心的一些设计这些年从来没有改变过：一款令人欲罢不能的单机游戏，最重要的事情永远是拥有精彩的关卡。

我们的大脑天生爱挑战，对于精心设计的"过关"游戏，大脑更是无力抵抗，以至于很多游戏玩家们明知第二天要上班上学，依然会坚持玩到深夜。

比如一款名为《TapTitans》的放置类游戏，它只需要你不断地点击屏幕，就能拿钱、过关。只是随着难度的加大，过关也变得越来越困难。就靠这种"让你感受纯粹的数值快乐"，这一游戏在全球范围内吸引了多达上千万的玩家。这便是游戏中的激励机制。

6.1 社会经济生活中的激励机制无处不在

人类文化的发展过程中，我们的先祖们通过逐步地建立起共识，形成了统一的文化，产生了共同的世界观。这些听上去虚无缥缈的事情，却慢慢地在日积月累中成为了我们在日常生活中认可与遵守的生存规则。

如果你对这些生存规则进行过研究，你就会发现，这些规则无一不是带有精密的激励设计。按着机制设计的方向去做事，便可以获得奖励，反之则会遭到惩罚。法律、道德都是这种规则共识的具体表现形式。

在反复的教育过程中，道德共识得以形成。仅拿中国传统道德来说，表面上看来，二十四孝中的有些故事甚至到了荒诞的地步。但实际上，在当时的社会背景下，做出了"戏彩娱亲""卧冰求鲤""埋儿奉母"一类举动的人的的确确可以得到社会的认可与赞赏。因此，哪怕在后代看来匪夷所思，这些事情对当事人来说也是值得的。

不过，这些共识需要依靠人们不断地进行人为干预去维持。一旦维持不力，便会引发破窗效应，导致秩序失控，甚至是道德崩坏。在"维持成本"与"社会产出效益"之间的高低比例，决定了人类文明可以健康、自我地发展的具体规模。

在经济领域，这种激励制度更好理解：正是由于存在着经济上的刺激，各类经济行为才能够健康有序地展开。仅拿波澜壮阔的中国改革开放来说，从打破大锅饭，鼓励商品经济，"允许一部分人先富起来"开始，每一个个体意识到，自己都能够通过个人努力获得激励回报。中国自此开始上演令世界瞩目的"中国速度"。

激励对人类整体发展都是非常重要的。可以说，如果没有有效的激励系统，任何企业都不可能维持下去。

每一个运作良好的公司，都会不断地通过制定目标、考核与奖励来激励员工，以使内部力量凝聚成绳，更好与竞争对手竞技。在这一过程中，全员持股、公平竞争、游戏化管理等各类公司管理方式也层出不穷。

所有这些管理方式，都是不同组织形态下的激励系统。而其目的就是为了降低管理成本，提升管理效率。

在参与到不同激励机制的过程中时，每一个人都不再是独立的个体；我们都是被这一激励系统驱使下的个体。

6.2 激励机制是区块链的重要核心

区块链的成功，也是源自比特币的创始人中本聪所设计的激励机制——通过挖矿获得奖励。

▶挖矿：是安全机制，更是激励机制

以比特币为例，每一笔交易发生以后并不算完全完成，只有所有的交易数据上链写入数据库后，才算成立，智能合约才会立即执行。

这就意味着，有两个步骤必须发生（图1-14）：

```
所有的交易数据都会传        矿工负责将这些
送到矿工那里              交易写入区块链

计算交易数据    计算数据的机器    操作矿机的人
的过程叫"挖     叫"矿机"        叫"矿工"
矿"
```

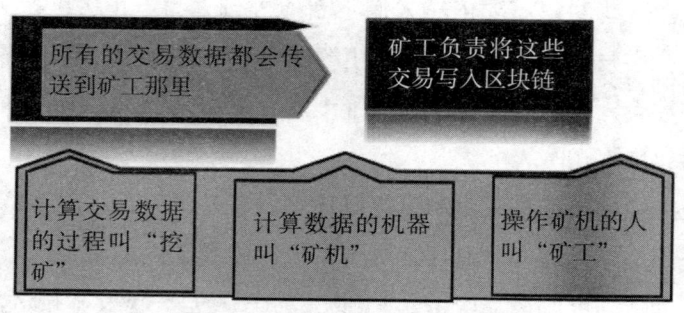

图1-14 挖矿的两个步骤与概念

在比特币协议里，一个区块最大为1MB，而一笔交易大概约为500字节左右。因此一个区块最多可以包含2000多笔交易。矿工负责将这2000多笔交易打包在一起，组成一个区块，然后计算这个区块的哈希（Hash）。

表1-2 谁都能在区块链挖矿？

这是你的错觉！
第一，参与区块链的人必须要具备相关知识；
第二，比特币总量为2100万枚，如今数量越来越少，对算力要求越来越高；
第三，计算出难题往往需要极大算力，需要有专业矿机，这些专业矿机非常庞大与昂贵，且耗电量极高。

图1-15 专业矿机机房

中本聪在设计时，故意使添加新区块变得很困难。他的设计是，平均每十分钟，全网才能产生一个新区块，这就意味着，一个小时只有六个区块产生。就好比你在参与一个竞赛，竞赛要求你必须要在一大片海滩上，寻找一粒符合条件的沙子一样；因为人为地设置了大量的计算与难度系数，需要大量算力才可以得到当前区块的有效哈希，进而将新区块添加到区块链。

矿工之间也存在着激烈的竞争：谁先算出来了，谁便能第一个添加新区块到区块链，并享受该区块带来的全部收益——比特币就是在挖矿过程中获得的奖励（图1-16）。而其他矿工只能"抄写"已计算出来的内容，并将之贴到自己的账本最后，然后，开始新的记账过程。

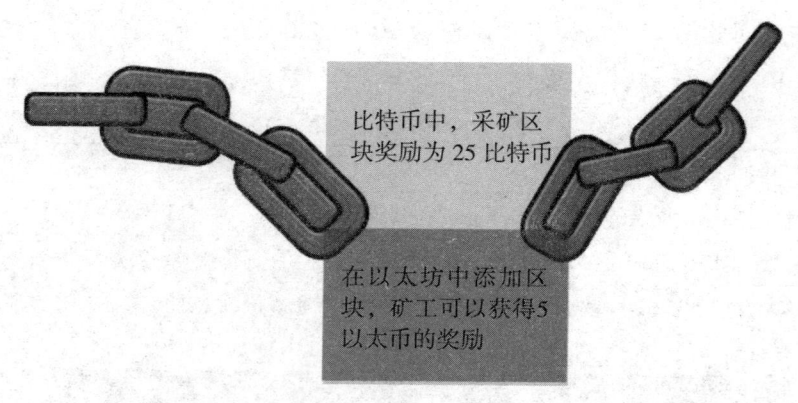

比特币中，采矿区块奖励为25比特币

在以太坊中添加区块，矿工可以获得5以太币的奖励

图1-16 挖矿的奖励

这一过程周而复始，生生不息。区块链的账本一页页增加，账本会越来越厚。

不过，比特币设计时的总供应量为2100万枚。随着时间的推移，比特币产生的数量越来越少，矿工可以挖到比特币的概率越来越小。因此，在以太坊与后续的区块链项目设计中，都在改进激励方式。但比特币社区的这种创新式激励模式对于整个区块链的发展有着毋庸置疑的积极作用：融入了安全机制的激励机制激发了矿工们争胜的心理，只有通过了复杂的计算才能得到奖励，这不仅提升了作恶、作假的成本，同时也确保了全网达成共识。

7. 区块链和我们的关系

说了这么多，区块链与我们普通人的生活到底有什么关系？事实上，我们可以从2017年8月份发生的一起数据之争开始谈起。

7.1 从巨头之争看数据安全

中国最大的科技巨头华为与最大的互联网巨头之一腾讯开战，这对所有中国人而言都是一件值得关注的大事。两家企业是为了"用户数据"一事起争执的。

为了打造一项人工智能功能，华为通过旗下荣耀 Magic 手机收集了用户的信息。这项人工智能可以做到基于用户收发的短信、微信内容，推荐餐厅、商品等功能，而微信就是收集对象之一。

腾讯认为，华为此举是在侵犯微信用户的隐私，而其本质是从腾讯手中夺取数据，并向工信部提出要求，请该部门出面介入此事。

在一则声明中，华为否认了自己侵犯用户隐私，并表明了高姿态：所有的用户数据都属于用户，而非微信或荣耀 Magic。荣耀 Magic 只是在用户通过手机设置予以授权的情况下，才收集了相应的用户活动信息。

谁对谁错，双方各执一词。

其实，这早已不是第一次数据引发的争夺战。

这些年里，不管是淘宝购物平台、微信沟通平台，还是百度搜索引擎、滴滴打车 APP、抖音短视频，每一个互联网产品都是在尽所有可能让用户留在自己的服务内，不要去其他平台。这些软件占用了用户越来越多的使用时长，并反客为主地开始吞噬互联网。

除了时间与流量的集中，资本层面上的投资与并购也从来未曾停止过。所有的变化，都是朝着更集中的方向发展。

中心化趋势的增强，使用户的利益不断被侵犯。如果不加以约束，未来互联网巨头很可能会发展成为"数据寡头"。那将是非常可怕的事情，其危害性远超过技术层面上的垄断。

7.2 数据寡头时代下的四大问题

能源、医药、汽车等传统行业中虽然也有不少寡头企业，但它们毕竟促进了社会稳定与经济发展。而科技飞速发展背景下的数据寡头，未来却会导致诸多社会问题。

（1）用户个人数据控制权彻底丢失

未来，IT寡头们对数据的垄断，将进一步使用户失去对个人数据的所有权与控制权。看看我们有多么依赖于大公司产品所带来的方便、快捷就能知道这一点：我们越来越乐于将数据放在企业的云端，并因此而不断地放弃个人隐私。

在用户的不断妥协与退让下，中心化的IT公司拥有了更多权利：它们对隐私政策不断进行修正，对信息时间流进行不告知式更改。如今，它们已经可以决定我们在网上阅读、收听、观看到什么东西了。

更重要的是，这些巨头不仅控制我们看到的推荐内容、广告，而且控制用户创造出来的数据。这些数据成为了此类巨头盈利的基础——各大公司不断扩大商业版图，用尽一切力量挖掘用户数据，为的就是从广告、数据销售中获得更多盈利。

（2）就业机会的减少

亚马逊、谷歌、阿里巴巴等企业如今都在利用自己在自动化、人工智能、云计算等方面获得的垄断优势，进一步颠覆服务业与制造业。在此背景下，就业市场将进一步受到巨大冲击。

仅谷歌"无人驾驶汽车"一项，未来一旦大规模部署，便会导致美国一国内数百万司机下岗。未来，这份失业清单还将涉及到超市服务员、仓库管理员、客服、翻译、律师、金融分析师……

（3）思想与生活受到控制

美国金融家乔治·索罗斯以深刻洞察力著称于世，他对此类数据寡头有着发人深省的评价：

"在普通人看来，此类IT平台扮演的是自由与创新的角色。但事实上，随着它们的规模越来越大，它们反而成为了创新的阻力，并会通过榨取环境来赚取相应的利润。采矿与石油寡头榨取的是自然环境，而数据寡头们榨取的是社会环境。而且，后者的行为更恶劣，因为它们潜移默化地影响着我们的行为与思想。"

在他看来，数据寡头的规模与垄断行为早已对社会形成了威胁。它们不断地"制造出可以让人上瘾的服务"，故意将用户的注意力转移到它们提供的服务上。这种情况若持续下去，人们便只能看到巨头们想要让我们看到的东西，而一旦价值观与信息多元化不足，思想的自由也将无从谈起。

（4）市场公平竞争与创新后劲不足

与大公司相比，小团队往往更有创意，这也使巨头们对行业内的小公司所造成的竞争威胁十分警觉。对那些有潜力的小团队，他们要么投资、合作，用利益将之固定在自我战队内；要么通过技术抄袭或是排他性协议，将小团队压制得毫无生存空间。

看看巨头们干的事情就知道了：Instagram、WhatsApp、tbn（一个可以匿名抱怨的APP）、Facebook将那些有可能抢走其用户的公司全部抢走了。Snap不愿顺从，Facebook便不断对其创新功能进行抄袭，并用自己的用户与流量对其进行打压。

国外如此，国内同样如此。在最近五年时间里，BAT（百度、阿里、腾讯）三巨头在国内以势不可挡之财力，收购了多达数百家的潜力型企业。未来，互联网上的创意想法虽然依然充满了成功的机会，但巨头的虎视眈眈，势必会导致竞争更不公平，创新企业更难成功。

7.3 区块链下：数据寡头的大敌

眼下，区块链技术在国内大火，这使每一个有远见的企业家都意识到，这项技术未来可以改变企业的运作模式。因为区块连可以帮助公司获取当今世界上最有价值的商品：数据。

▶ 数据买卖模式将发生变化

不管你经营的是什么样的企业，只要想盈利，你都会有两个永恒的需求（图1-17）：

想要了解自己的客户；
想要获得增加新客户的渠道。

图1-17 企业永恒的两大需求

因此，他们会向亚马逊、Facebook、百度、腾讯等公司付款，以购买到更多的用户信息。企业所关注的这些信息包括了很多类型，其中有客户的购买模式、个人品位等。这对于企业制定竞争策略与产品策略有着极其重要的意义。

在当下数据市场上，企业们早已习惯了花钱购买一定数量的数据，而我们刚刚所提到的数据巨头们又依据于自身的业务版图形成了可信的数据来源，因此，企业们早已习惯从它们手中购买数据。

但未来这种购买模式可能会发生变化：区块链技术所使用的分布式账本系统意味着，在线交换的信息很难更改与伪造，它能够添加之前不存在的信息层。这些使用区块连技术交换过的数据是经过了验证的数据，它们不需要来自于数据寡头们的额外验证。而这，将为企业打开一个全新的、增加自身盈利渠道、减少成本的新世界。

▶企业竞争环境将发生变化

之前，企业只从他们信任的来源购买数据，可用数据的范围便已经发生了变化。但当数据本身是可以信任的时，商家便不再需要了解与信任卖家。这将极大地改善当下的竞争环境：当你的企业所拥有的是全球性的商业数据，你的客户来自于全球，那么，你将有更多的发展机会。

值得一提的是，虽然所有企业都会从未来的区块链市场中受益，但诸如社交网络一类的企业将获益更多：它们的目标就是增加更多的用户。在区块链的帮助下，它们购买数据的渠道增多，这将大大增加它们获得发展的概率（图1-18）。

另外，许多通过网络发布广告的企业都希望获得一定的流量，但是，如果它们能够利用区块链直接从其他社交网络获得用户信息，那么，它们便不需要再如此依赖于广告来建立自身的用户基础，而是可以用更稳定、更可预测的方式发展业务。

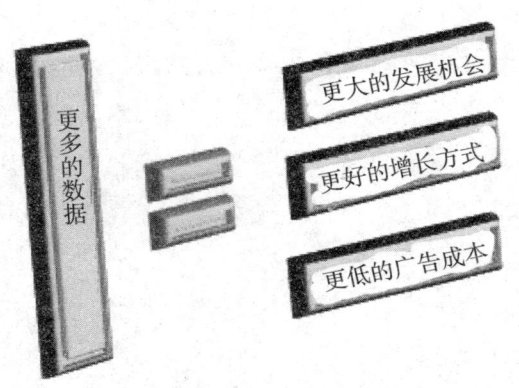

图1-18　数据对于企业的意义

同样的模式也将被利用于帮助学校寻找潜在生源，或是人力资源管理人员来寻找企业所需要的人才。

▶个人数据控制权将回归

有人认为，区块链会改善企业的生存状态，会为社会节省巨大成本，但它对普通人的生活并不会有大的作用。因为对普通人来说，在买家电时，是用区块链钱包支付，还是使用支付宝支付，其差别可能只是前者会节省1毛钱手续费——大部分人对这样一个数字是毫无感觉的。

显然，说这种话的人并未意识到区块链所带来的巨大意义：就像移动互联网并不是比传统互联网多了滴滴出行、美团外卖这样的P2P产品，而是决定了你能不能更快捷地出行、更便利地订到外卖。区块链对互联网的升级，未来将使个人有机会完全掌控自己所产生的数据资产，并保护你在网络上的生产价值，而不是任由它们以及随之产生的利润被大中心、大企业剥夺与占有。

不仅如此，区块链也弥补了互联网技术的天然缺陷。它使用数据区块取代了目前互联网对中心服务器的依赖，令所有数据的变更、交易项目都被记录在一个云数据上，数据能够在传输过程中实现自我证明。这是一种安全性更高的办法，它可以有效避免黑客的恶意攻击：技术高超的黑客或许可以黑掉一台或者几台电脑的区块数据，但绝不可能修改区块链成千上万台电脑中的区块数据。

对我们这些生活在数字化社会的人而言，最清晰的一点在于：我们不会使用任何自己不信任的终端，更不会使用不信任的云计算、不信任的技术。而区块链的出现通过新一代的数据技术，降低了用户与用户、用户与企业、企业与企业间的信任建立成本，这将给整个互联网乃至于社会带来深刻的改变。

而这恰恰是区块链对我们每一个人的最大影响：区块链是有关数据的，而数据是今日商业与世界发展的基础动力。

当企业能够以低廉的价格获得自己所需要的信息，那么，未来的商业模式将发生改变，全商业运作的基本原理也将发生变化。未来，区块链将不仅能连接现实世界，而且将改变所有人的生活。

第二章
基础概念："只为生产力服务"的价值体系

很多人习惯将区块链视为生产关系的革命，但从区块链技术中各个概念所体现的潜力来看，这是一项完全颠覆了以往价值交换的所有模式：在其概念中，无一不体现出它立足于全新信任模式，改变现有商业运作"各自为营"、专心逐利的本质。这使所有的生产行为都将立足于促进整体社会生产力提升的目的。

1. 由心算记账到公开记账系统

对于区块链，我们可以将之简单理解为人类记账史进化过程中的重要一步。

▶ 从刻画到单式记账法

人类的记账史一直在发展。

当我们将时间回溯到遥远的旧石器时代时会发现，数万年前，人们记账凭的是智商：今天打了几只鸟，猎到了几只羊，靠的都是死记硬背与心算。

随着人类数量的增多，生产力越来越高，部落开始形成，人多力量大，此时，生产出来却暂时用不完的东西越来越多，于是，绘图、刻画记账开始萌芽，并最终发展成为了"结绳记事"。

有关结绳记事，我们在中学时已经学习过。此时，结绳记事对记录对象、数量变化与最终结果都有固定的表现形式，已呈现出了"账本记录"的几个基本原理。因此，人们也将之称为"账本的起源"。

从部落时代发展到国家时代后，文字出现，人们开始运用文字进行记账。收支事项也开始按着时间的发生顺序形成流水账，并逐渐发展出了"日记账"与"现金出纳账"等，即按时间、物品名、人名、货币资金等分别设置的类似于账户的账本。

此时，记账史已经发展到了单式记账法时期。

▶ 从单式记账法到会计电算化

单式记账法是一种较为简单的记账方法——对每一项活动只能进行单方面、不完整的记录，即只在一个账户中记一笔账。但经济发展越来越复

第二章 基础概念："只为生产力服务"的价值体系

杂，商人间的合作越来越密切，成本与利润的区别记录也越来越重要，因此，复式记账法应运而生。

复试记账法出现在 11 世纪左右。它最大的特点就在于，不仅能核算经营成本，还能分化出利润与资本。可以说，它对商人经营活动的持续性有着重要的作用。

不过，到了 19 世纪，信息技术开始呈现出爆发式发展，企业经营也开始进一步复杂化。很多企业的所有者与经营都不再是一个人，大家都有看账本的需求，而且，需要处理的工作也越来越复杂。

比如，你是某一企业的最大股东，但你不想管事。于是，你聘请职业经理人 A 帮助你管理这个公司。到了年终分红时，运营报告显示你该分得 2000 万，此时，你可能会产生看看账本的想法。但你看了账本后发现，广告费投放了 4000 万——比你这个最大股东一年都挣得多！为了方便未来核账，也为了对你和职业经理人 A 都公平，第二年，你开始聘用第三方协会认证的会计，专门帮助你记账。

这就是记账史的后续发展。当记账需求不断增加，且公司"所有者"与"经营者"之间因为账目引发了信任问题时，"会计"这一职位便诞生了。之后，随着计算机技术的发展，会计行业也随之进化到"会计电算化"时代。

▶ 从"电算化"到公开记账体系

其实"会计电算化"已经带有智能化的意味。但是，这种记录方式依然存在着信息不对称以及信用问题。

举个最简单的例子，在未得到完全正确的公开信息时，你要如何去信任一个会计 / 审计给你的账目？会计事务所与公司勾结做假账的事情并不少。为了解决这样的问题，区块链这一公开记账体系出现了。

从账本演变的角度来看（图 2-1），区块链就是一个大型的公开账本。这一账本有三个特点：

①可以无限增加。每一个区块都可以视为这一账本的单独一页。每增加一个区块，就意味着账本多出了一页，这一页里，包含着一条甚至是多条记录信息。

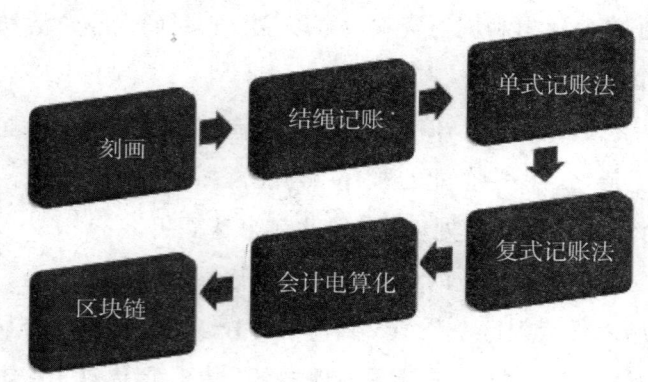

图2-1 账本的演变史

②经过了加密且有一定顺序。区块链上所有的账目信息都会被打包，成为一个区块，在加密以后盖上时间戳。一个个区块按着时间戳的顺序，链接形成一个总的账本。

③去中心化。这是一个由网内用户共同维护的账本，与传统的记账系统总有一个中心不一样，它是去中心化的。

可以说，区块链是人类记账史发展到现在，科技带来的最新选择。它用人类文明中通用的数学算法背书，在一个公开透明的算法基础上，建立起了一个可以让所有人都达成共识的信用机制，所涉及皆为记账、对账、分账等科目。而凡与经济活动相关的信息其实都属于记账范畴，因此，它拥有广泛的应用领域。

2. "价值转移"的本质

每一种技术都有其特定使用场景,而区块链也是在特定场景中使用时才能体现出其价值。

2.1 过往,价值传递仅在国内发生

很多人对区块链的认识都是从"超级账本"开始的。而"超级账本"这一定位本身就是在说明,区块链解决的是价值记录与价值传递的问题。在此之前的互联网只是解决了信息传递的问题,并未完全解决价值传递问题。

或许你会有疑问:用支付宝、网银转账,都是在进行价值传递,而且也很方便。为什么说互联网没有解决这一问题?

之所以会有这样的疑问,是因为没有引入更具体的场景。

▶ 互联网并未解决价值传递问题

想象一下:你在网络上认识了一位英国朋友,你们之间需要转一笔钱,怎么转?

此时,互联网的局限凸显了出来:你们可以在网络上愉快地聊天,这是信息的交流与传递,可一旦涉及价值的传递,你是没有办法直接转给他的。

而利用网银进行的转账,其实也并非价值转移,而是信息的转移。没有互联网以前,你可以打电话给银行,输入一些确认信息后进行转账,或者直接到柜台,让银行确认信息后转账。有了互联网,你可以直接在网上确定信息再转账。

43

从最传统的柜台转账到电话确认信息后转账，再到后来的互联网确认信息后转账，发生变化的只是信息确认方式，其本质并未发生变化：以"金融中心体系"出现的银行，在确认你的身份与意图后，在银行与银行间记账系统里重新记账。

因此，严格来说，银行间的记账系统能够实现价值传递。可一旦不是一个系统内的，比如在两个国家之间的，便没有办法实现直接的价值传递了。

▶ 在去除第三方的前提下实现价值传递

区块链可以获得这样的效果：凡是可以在互联网上实现信息传递的两个终端，便可以实现价值的传递，而且，不需要通过第三方——这也是区块链未来最有价值的应用。

真正的价值转移应该是这样的：在网络里，通过每一个人都能够认可、确认的方式，将某部分价值精确地从某一个地址转移到另一个地址，而且，这一过程必须要确保当价值转移后，原来的地址减少了被转移的部分，新的地址增加了所转移的价值（图2-2）。

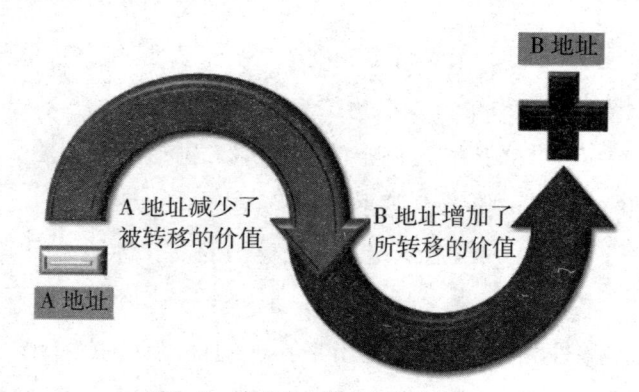

图2-2 价值从A转向B的过程

这里所说的价值，包括但不限于货币资产、实体资产或者虚拟资产（包括有价证券、金融衍生品等）。而且，操作的结果必须要获得所有参与方的认可，其结果也不能受到任何一方的操纵。

正如我们在刚刚所说的，目前互联网里也存在形式各异的金融体系，

第二章 基础概念："只为生产力服务"的价值体系

同时，也有很多政府银行或者第三方提供的支付系统，可是它们依然依靠"中心化方案"来解决。

所谓的"中心化方案"，即通过某一公司或者政府信用作为背书，将所有的价值转移计算步骤放在一个中心服务器（或者集群）中。虽然所有的计算也是由程序自动完成的，可是却必须要信任这一中心化的人或机构。

事实上，通过中心化的信用背书来解决，只能将信用局限在一定的机构、地区或者国家的范围以内。由此可以看出，想告别中心化，就必须要解决一个根本问题，即"信用"问题。

因此，价值转移的核心其实就是"跨国信用共识"。

在如此纷繁复杂的全球化体系里，想要凭空建立起一个全球性的信用共识体系非常困难，因为每一个国家的政治、经济与文化情况不同，想要让两个国家企业与政府之间完全互信几乎是无法做到的事情。这也意味着，当你需要打钱给你的英国好友时，哪怕这一过程可以完成，也不管它是以个人、企业还是政府的信用背书的，都存在着巨大的时间与经济成本。

但在漫长的人类历史中，不管每一个国家的文化、政治环境如何不同，唯一可以取得共识的就是基础科学——数学。因此，毫不夸张地说，形成在数学基础上的算法是全球人类获得最多共识的基础。若我们以数学算法（程序）作为背书，那么，所有的规则都将建立在公开透明的算法之上，而不同政治文化背景的人群也将获得共识。

2.2 区块链提供了跨国性的价值传递技术

2008 年，以区块链作为底层技术协议的比特币横空出世。中本聪以创造性的思路勾画了比特币系统的基本框架，解决了价值传递中的两个难点。

在中本聪看来，以政府、银行为代表的中心化信用所导致是信息不对称，且存在着中心权力损害参与者与其他参与者利益的事情。而且，历史上违反规则的，往往是规则制定者。而比特币的核心目标就在于，成为一种不需要第三方、不需要中介、自动运行的支付系统，这就是电子倾向支付系统。这一电子货币支付系统里的信用不依赖于中心权威背书，而是打造机器信用，以期望实现可编程的互信关系。立足于这一设想，在2009年时，中本聪建立起了一个开放源代码的项目，正式宣告了比特币的诞生。

比特币所使用的底层网络技术协议便是区块链，与互联网所使用的IP/TCP协议可以确保加入互联网的单个网络能互通一样，这样一个共同使用的技术协议，确保了信用与价值的流通。

区块链的本质是一个去中心化的数据库，同时也是一连串使用密码学方法产生关联的数据块。每个数据块里都包含了一段时间内全网交易的信息，用于验证其信息的有效性和生成下一个区块。

我们可以将区块链技术简单地理解成一种"全民记账"的技术（即分布式总账技术）：之前，所有的账本都是由银行来掌握的，支付宝的交易账本由阿里巴巴掌握，京东的交易账本由京东掌握，这便是典型的中心式数据库。

在区块链技术下，每个人的账由他自己来记，每一个人都有自己的账本。同时，当某人需要与他人进行交易时，与这两个人进行过交易的其他人的账本便能够成为信用证据，以此来验证双方的信用是否真实可靠，由此形成一种"人人为我、我为人人"的信用体系，而且不再需要第三方信用背书。

简单来说，这一记账方式并未将数据存在一个中心，而是当每一笔交易发生时都在全网计算机上存过一次。

比如，你在办公室中向A借了100块钱，A在办公室里向所有人都知会了一声，让他们帮助记下这件事情——在网络上发生的交易也是如此，不管是转账、入账还是拖欠他人的账款，你每一次发生的动作，都相当于在网络上喊了一嗓子，让它们帮忙将这件事情记了下来。此时，全网在线的计算机都是你的记录者，双方都没有办法否认。

这种记账方式最大的好处就在于它是"全民"式的：你根本不知道谁在监督你，监督你的人也不需要管你是干什么的，长什么样，是否有钱，是否背景雄厚。这样一来，你任何想要篡改信息、蒙混过关的行为，大家都会给你记录下来。

对于你的行为，你没有任何解释的机会，因为你也不清楚到底多少人给你记了账。这就提升了造假、作恶的成本，从而解决了诚信成本，使大家都可以更可靠地实现价值交换。

可以看到，区块链为资产转移提供了可靠的去中心化账本，帮助减少了信用背书的成本，使价值流通问题得以解决。在区块链的帮助下，资产数字化的自由流通渠道将得到极大的扩展，资产流动的效率也将大大提升。

3. 与区块链相关的四大核心概念

想要理解区块链是如何实现价值转移的，我们就必须要先理解与区块链息息相关的四大核心概念。

3.1 区块

一间房子的基本单元结构是一块砖，而组成区块链的基本单元结构就是"区块"。

▶ 创世区块：万链之始

区块链中的第一个区块由中本聪在2009年创建，因此也被称为"创世区块"。它是区块链中所有区块的共同祖先。而由于区块链本身就是"链条+链条"式结构，所以，你从任一区块循链向后回溯，最终都将达到创世区块。

由于创世区块被中本聪编入到了比特币的客户端软件里，因此，每一个节点都开始于至少包括了一个区块的区块链，这可以确保创世区块不会被更改。

在此链中，每一个节点都"知道"创世区块的下述信息（图2-3）：

区块链：技术驱动商业模式重构

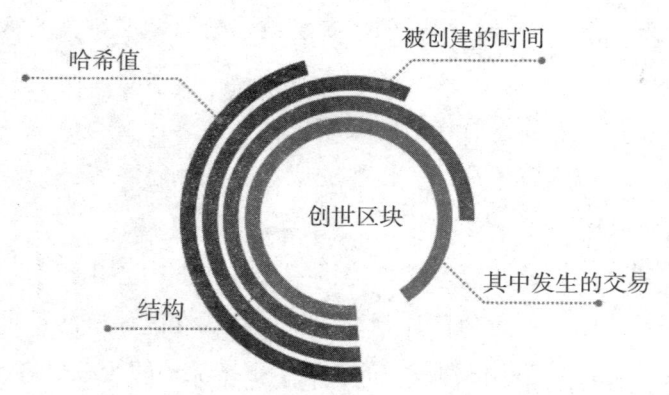

图2-3 每一个节点都"知道"创世区块的组成

因此，每一个节点都将该区块当成区块链的首区块，由此构建起了一个安全又可信的区块链根。

▶ 区块 = 区块头 + 区块主体

如果将区块链比成有头有身子的人物，那么，它更像电影《超能陆战队》里的大白：区块头存储结构化的数据，大小是80字节。而区块主体利用一种神奇的树状结构Merkle树，记录区块挖出的这段时间的所有交易信息。因此，区块主体所需要的空间比较大。

表2-1 Merkle树结构

Merkle Tree，通常也被称作Hash Tree，顾名思义，就是存储hash值的一棵树。区块链利用Merkle树的数据结构存放所有节点产生的数据，并以此为基础，生成一个统一的哈希值（图2-4）。

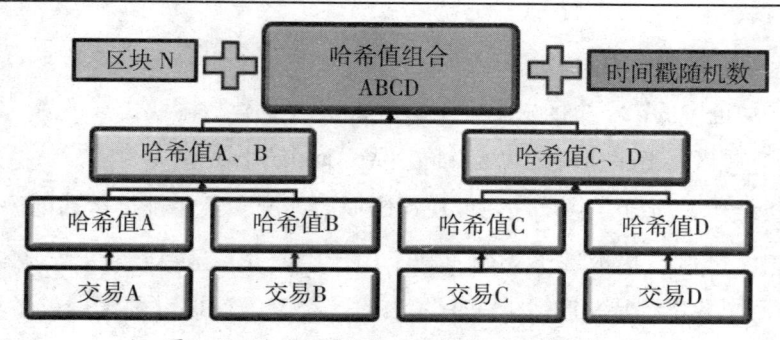

图2-4 Merkle树结构下，区块N+1的组成

48

平均来说,假设一个区块内有 400 笔交易信息的话,区块主体可能比区块头要大出 1000 倍以上(图 2-5)。

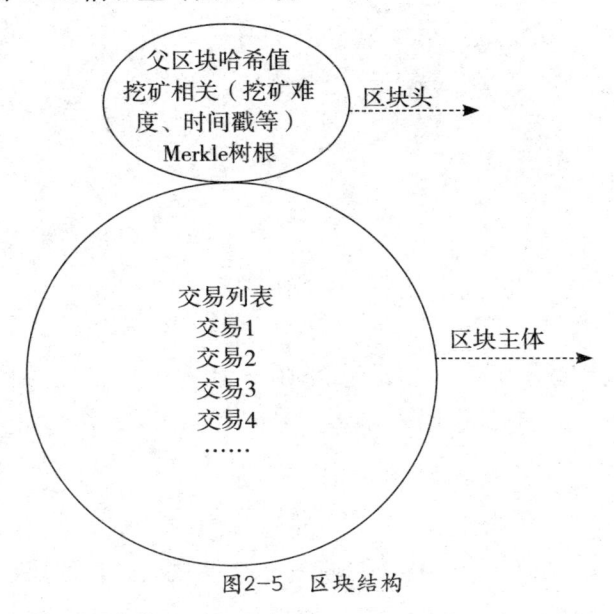

图 2-5 区块结构

不过,虽然区块头比区块主体要小,但区块头总归是"脑袋",因此,其大部分功能都由区块头来实现。

▶ 哈希值

要了解区块的组成,哈希值是需要理解的重要内容。不过在此之前,我们要先看看区块的具体构成。

为了更好地了解区块链的概念,我们可以把每个区块当成一个小方块。

图 2-6 中的 1、2、3 个区块,共同构成了一个区块链。我们可以看到,身为创世区块的第一个区块不指向任何前置区块,而每一个区块中,内部数据的结构都如下图所示:

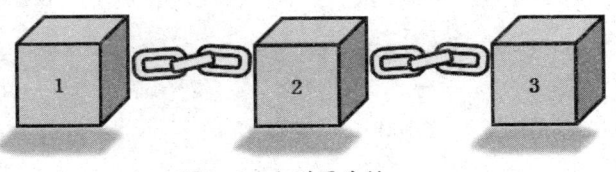

图 2-6 小型区块链

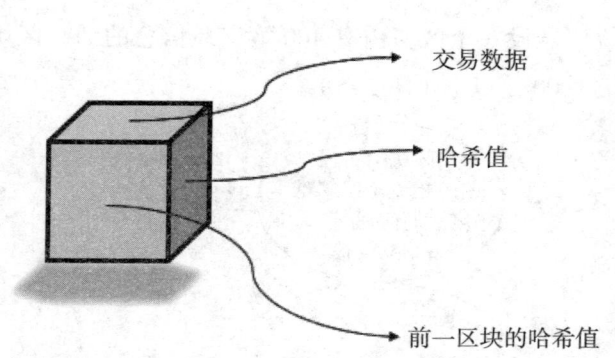

图2-7 独立区块的内部结构

◆ 交易的数据

即当前区块记录了在一个固定时间内（比特币是10分钟内）所有的交易记录。比如，在比特币10分钟内，A转给了B 3个比特币，C转给了D 10个比特币，等等。

◆ 当前块的哈希值

相当于一个人的指纹，能唯一标识一个区块。一旦区块里面的数据发生了任何微小的改动，其区块的哈希值都会发生极大变化。

◆ 前一个区块的哈希值

区块主体中还包括了前一个区块的哈希值。因为当前区块的哈希值的计算，不但包括了当前的区块数据，同时也将前一区块的哈希值包括在了计算中。换句话来说，2区块的哈希值中包括了1的哈希值；而3区块的哈希值里则包括了2的哈希值。

这样的设计使得区块链的数据安全得到了有效的保证：一旦有某一区块的数据被黑客恶意篡改，那么，之后区块链上所有的哈希值都会随之发生变化，而且变化极大。这样，节点中的每一台设备就会知道。被篡改过、新传播的区块是非法且无效的，这在一定程度上防止了对历史交易数据的修改。

3.2 时间戳

时间戳是指格林威治时间1970年01月01日00时00分00秒(北京时间1970年01月01日08时00分00秒)起,到现在的总秒数。

区块链是通过时间戳来保证每一个区块都是依次顺序相连的。时间戳令区块链上的每一笔数据都拥有其时间标记。

简单来说,时间戳证明了区块链上什么时间发生了什么事情,而且任何人都无法篡改。也正是因为有了时间戳的存在,区块链天然契合知识产权保护、电子商务交易等领域。

比如,身为编剧的你写了一个剧本,准备找投资者,但是你担心自己的剧本会被别人看了以后偷了你的创意。这种时候,你就只需要先将它们保存在链上——时间戳会帮助你轻松证明版权。

图2-8 时间戳的组成

从本质上来说,时间戳是一个经加密后形成的凭证文档,其产生过程分为四步:

① 用户首先将需要加时间戳的文件用编码加密形成摘要;
② 将该摘要发送到链上;
③ 在加入了收到文件摘要的日期和时间信息后再对该文件加密(数字签名);
④ 系统将文件送回用户。

3.3 哈希算法

在得到哈希值的过程中，哈希算法非常重要。

获得哈希值的一个经典算法为 MD5（全称为 Message Digest Algorithm MD5），它是一种散列函数，我们可以当它是一串特定的计算公式。

举个例子来说，（$N+1$）就是一种计算公式。将 N 给定任意数字，比如 3，运行这一计算公式，便会得到：3+1=4。而 MD5 是更复杂的计算公式，复杂到可以进行加密：任意数据都能够通过 MD5 这一函数进行运算，得出相应的数据，而这一数据就是"哈希值"。

MD5 这一类哈希算法最强的地方就在于，哪怕你是优秀的程序人员，你也很难通过哈希值来反推出原始数据。

比如刚才的例子，还是运行（$N+1$）的计算公式，若运算结果是 5，那么初始数据大家都能知道是 4。毕竟 4+1=5 非常简单。

而某数据通过 MD5 运算后得出的哈希值，是很难被算出原始数据的。

概括来说，哈希算法是将目标文本转换成具有相同长度的、不可逆的杂凑字符串（或叫做消息摘要）。

图2-9　哈希算法

比如，数字"1"在经过了 MD5 后，其哈希值是"c4ca4238a0b923820dcc509a6f75849b"。此外，哪怕原始数据有一丁点的改动，得出的数据都会相差极大。

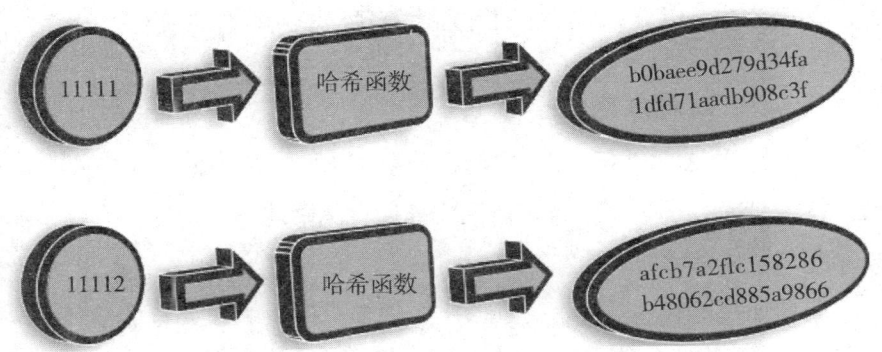

第二章 基础概念："只为生产力服务"的价值体系

图2-10 "11111"与"11112"的哈希值截然不同

这也正是为什么大家都都认为比特币不会被篡改与伪造的最大原因。

不过，MD5当下已被程序高手证明不够安全，不适用于商业环境中。因此，现在市场上已经有了更先进的哈希算法SHA1、SHA2等。

在专业人员看来，一个优秀的哈希算法将能实现以下四点：

① 正向快速：给定明文和哈希算法的情况下，在有限时间和有限资源内能计算出哈希值；

② 逆向困难：给定（若干）哈希值，在有限时间内很难（基本不可能）逆推出明文；

③ 输入敏感：原始输入信息修改一点信息，产生的哈希值看起来应该都有很大不同。

④ 冲突避免：很难找到两段内容不同的明文，使得它们的哈希值一致（发生冲突）。

可以说，哈希算法是决定区块链安全的重要因素。在配合加密算法以后，区块链的数据安全又得到了进一步的保证。

3.4 公钥与私钥

公钥与私钥是加密算法中的一对术语。因此，要想了解它们的含义，我们就必须要了解什么是加密算法。

加密算法可以分为两类：对称加密算法与非对称加密算法。

3.4.1 对称加密

我们可以从一个几乎人人都曾经遇到过的场景开始谈起：上学时期，每一次考试时，都会有学生在研究"如何更隐蔽地作弊"这一问题。那么，大家想到了什么样的办法？

假如你与甲两人是好友。你的学习成绩更好，于是，出于"友情帮助"的目的，你与甲达成协议，在考试中帮助甲获得好一点的成绩。显然，这种"帮助"不可能是公开的。

"第一题要选的是A！"

"第二题选C！"

这些交流方式即加密算法中的"明文"，而它们是可以被监考老师与其他人听得明明白白的。

所以，你需要发明一种只有你与甲能够明白的交流方式。于是，你与甲商定：当你连续咳嗽三声时，就是正式传答案的时候。

然后怎么传答案呢？很简单，你摸左耳朵代表A，摸右耳朵代表B，左手放下代表C，右手放下代表D——这一传答案规则就是你们的"加密算法"。

此时，加密过程便正式形成。

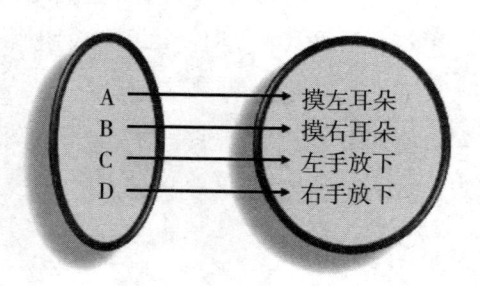

明文　　　　　　密文

图2-11　作弊中的对称加密算法

经过这种转换，很显然包括监考老师在内的其他人并不会明白这些"密文"，于是，你与甲之间便通过"密文"实现了信息交换。

这一"作弊"的例子，其实就是典型的对称加密算法。

表2-2 对称密钥加密

> 又称为对称加密、私钥加密、共享密钥加密，是密码学中的一类加密算法。
> 这类算法在加密和解密时使用相同的密钥，或是使用两个可以简单地相互推算的密钥。
> 实际运用过程中，这组密钥成为在两个或多个成员间的共同秘密，以便维持专属的通讯联系。

简单来说，这类算法在加密与解密时，使用的是相同的密钥，或者使用的是两个可以简单地可以相互推算出来的密钥。在我们上面举的例子中，密钥就是"将（A，B，C，D）转换成(摸左耳朵，摸右耳朵，放左手，放右手)"这么一个规则。而密钥就是你与合作者（在此例中即你与朋友甲）的共同秘密，只有你们两个知道。

那为什么叫对称加密呢？这是因为一方用密钥将信息加密以后，将密文传给另一方。另一方能够通过这个相同的密钥将密文解密，转换成自己能够理解的明文（图2-12）。

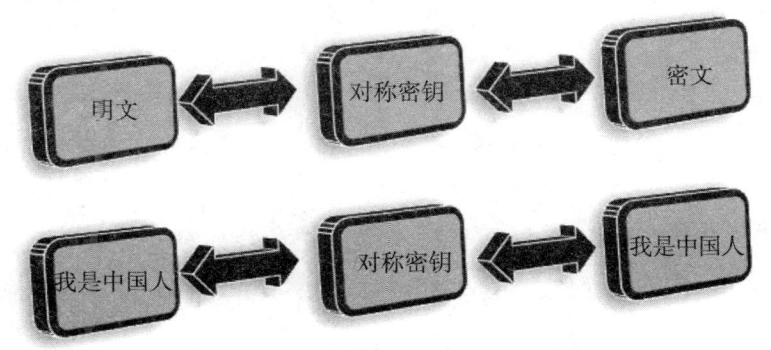

图2-12 对称密钥的明文与密文可相互倒推

在现实操作中，虽然对称加密算法发送与破解速度较快，但由于其加密方法设计得较为简单，因此对称密钥多半使用过一次后就被抛弃了。

3.4.2 非对称加密

非对称加密是一种比对称加密更优秀的加密方法，想象一下，如果你与10个同学同时使用同一个密钥进行答案传输，只要其中一个人的密钥被老师发现，那么你们整体作弊的事情都会败露。

于是，如何做到即使有一个人的密钥被盗了，密文也不会被破解？这便涉及公钥与私钥的运用。

▶ 基于密码学的公钥与私钥

大家都听过比特币是基于密码学的，下面所说的东西就是密码学的应用：

"你必须要有私钥，才能解密公钥。"

"有了地址，你才能将数字资产转移到对方的账户中。"

"有了数字签名，别人才会知道'你是你'。"

听到这些区块链中常有的名词与其解释，你是不是会头大？其实，理解密钥、公钥、私钥、地址与数字签名这些概念，我们只需要一句话即可。

◆ 密钥

成对出现的，由一个私钥和一个公钥组成。

◆ 私钥

就像你的银行卡密码一样，有了私钥，就能运用对应地址下的数字资产。

◆ 公钥

由私钥生成，但无法通过公钥倒推得到私钥。其作用主要是与签名配合，来证明"我就是私钥的主人"。

◆ 地址

就像你的银行卡卡号一样，在区块链上进行交易时，需要将地址（银行卡卡号）给别人，让别人将比特币一类的数字资产转到自己的地址（银行卡卡号）里。

◆ 数字签名

由且只能由私钥生成，与公钥配合便能证明"私钥在我这里"。

区块链是虚拟世界，在这个世界里是没有"人"这一概念的，只有"地址"这一概念。一个人可以拥有多个地址，就像一个人可以开多张银行卡一样。

在这种情况下，你可能会思考这样一个问题："如何证明数字资产是我的？"

这就像是"如何证明你是银行卡的主人"这类问题一样：现实社会中，你只需要拿着身份证去银行，银行工作人员就会帮你查到你名下的银行卡。有了身份证，你就能将银行卡里的钱取出来。身份证是证明我们身份与财产最重要的东西。

区块链的世界里则发生了改变，你并不需要身份证这样的东西来证明"我是我"，只需要拥有"地址＋签名＋密钥"，便可以随意使用该地址下的数字资产（图2-13）。

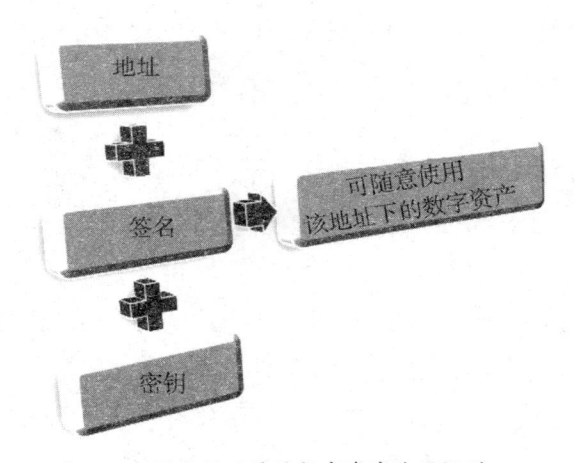

图2-13 区块链世界的数字资产使用规则

3.4.3 公钥与私钥的生成

公钥和私钥用于加密数据，保证安全性和防止别人冒牌。在公钥与私钥中，存在着表2-3中的对应关系。

表2-3 公钥与私钥的对应关系

① 公钥和私钥成对出现
② 公开的密钥叫公钥，只有自己知道的叫私钥
③ 用公钥加密的数据只有对应的私钥可以解密
④ 用私钥加密的数据只有对应的公钥可以解密
⑤ 若可以用公钥解密，则必然是对应的私钥加的密
⑥ 若可以用私钥解密，则必然是对应的公钥加的密

57

也正是因为这种"唯一对应"关系，非对称加密一来可以验证信息发送方的身份，二来也可以实现保密传输。

我们可以拿电子邮件的传输过程说明这种保密传输是怎么运用的：

你现在要发送一份有关商业机密的电子邮件给A。为了保证邮件的安全性与保密性，你使用了非对称加密算法。要实现传输的安全性、保密性，必须保证过程中出现以下几步：

① 你发送给A的内容必须要加密过，在邮件传输过程中不会被别人看到；

② 必须保证邮件是你自己发送，而不是别人冒充你发送的；

③ 想达到这样的目的，发送与接受邮件的两方都必须要有公钥与私钥。

具体操作是，你与A都有对方的公钥，然后，你用A的公钥给他发送了一份邮件。虽然发送过程中，也可能会有其他人看到这封邮件，但由于他们不知道A的私钥是什么，因此他们并不能解密邮件。A收到以后，便可以用自己的私钥来解密，看到邮件内容。

若你用自己的私钥给邮件加密，发给A后，他就可以用你的公钥来验证，确认这一邮件是你发送的。

说得更明白些，发送资料时：

◆ 你使用A的公钥加密，以确保只有A可以解开，以保证资料的保密性；

◆ 你使用自己的私钥做签章，A用你的公钥验章，以确认信息是你发送过来的。

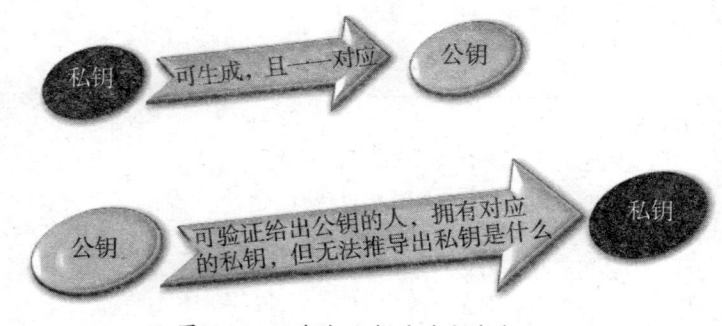

图2-14 私钥与公钥的对应关系

第二章 基础概念："只为生产力服务"的价值体系

私钥是完成信息传输的唯一必要条件，为了给其他人（网络中的其他节点）证明你拥有对应的私钥，完成了对应的交易，就需要将公钥发给大家，来证明你拥有对应的私钥。用私钥匙来加密数据，就是IT界常会出现的"数字签名"。

由于私钥可生成公钥，但是公钥无法倒推私钥，所以这种方式既能证明交易成功，又能保证私钥的安全性。

这样我们就能确认发送方的身份了。这个过程叫做数字签名。当然具体的过程要稍微复杂一些。用私钥来加密数据，用途就是数字签名。

现在，我们可以得出这样的结论：

① 既然是加密，那肯定是不希望别人知道我的消息，所以只有我才能解密。因此用公钥加密数据，用私钥来解密数据。

② 既然是签名，那肯定是不希望有人冒充我发消息，只有我才能发布这个签名。所以用私钥加密数据（数字签名），用公钥来验证数字签名。

在实际的使用中，公钥不会单独出现，总是以数字证书的方式出现。这样是为了公钥的安全性和有效性。

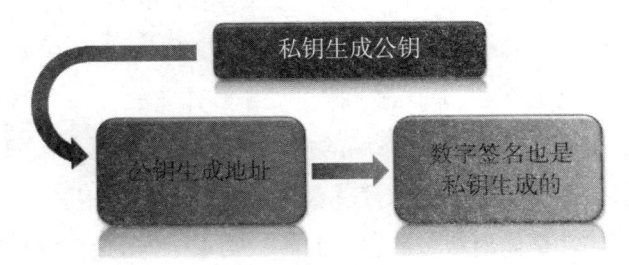

图2-15 私钥与数字签名的因果关系

从上图中我们可以很容易地推出，只要拥有了私钥，便相当于拥有了数字资产的所有权。这就是为什么区块链世界里会有这样的说法：拿走你的私钥就可以拿走你的数字资产。

3.4.4 公钥与私钥保存在数字钱包里

我们需要知道的是，不管是比特币还是以太币，其实都没有放在数字

59

钱包里面——数字钱包里是没有任何数字资产的。

举个简单的例子：10年前，我们还处于现金支付阶段，所以大家出门都会带钱包来保管现金。若钱包不小心掉了，别人捡走不归还的话，你的金钱便会被别人消费。

在钱包电子化的时代里，我们已经很少使用现金了，都是手机支付、信用卡支付。此时，支付密码才是最重要的：谁有了你的支付密码，谁就能消费你的钱。

数字资产也是一样，只需要有密钥，知道你的地址，就能取走它们。所以，准确来说，数字钱包并不是用来保存数字资产的，而是用来保存"密钥与地址"的。

4. 四大特点造就高效率运作模式

如果你身边有人正在使用或者正考虑使用区块链的话，你会发现，他们的观点很统一：要么认为区块链是一种将改变我们业务模式的新力量，要么认为区块链是最新的IT概念，眼下处于炒作阶段。

其实，正如我们之前反复强调的那样，区块链从根本上只是一个数据库，格外擅长处理资产交易，不管是金融资产，还是如房子、汽车一类的实体资产，又或者是像消费者数据、歌曲、剧本一样的抽象资产。

不过，区块链拥有四种关键特点，这四大特点共同造就了其高效率运作的模式。

4.1 去中心化

在之前，我们反复提及区块链是一个"去中心化"的数据库。在互联网早已普及的当下，很多人都知道数据库是什么：任何网站与系统背后，

| 第二章　基础概念："只为生产力服务"的价值体系 |

都有一个数据库。我们可以将数据库想象成一个账本。

比如，支付宝数据库就如同一个巨大的账本一样，里面记录着每一个人账面上有多少钱。当 A 发给 B 一块钱时，A 账上的钱就要扣除一块，B 账上则要增加一块。这种数据变动本质就是一种记账行为。

对一般中心化的结构来说，它们的数据库都是自己的团队运作的。微信的数据库由腾讯的团队来维护，淘宝的数据库由阿里团队来维护，这是非常典型的中心化数据库管理方式，同时也是公认合理的事情。

不过，区块链完全颠覆了这种方式。由于一个区块链系统由许多节点构成，每一个节点都是一台计算机。在该系统的激励设计下，每一个参与的节点都会为了获得奖励而去竞争记账，即更新数据库信息。

在这一去中心化的系统中，每一个节点的权利都是一样的。

传统的中心化数据库就好比电视与广播一样：一个人有说的权利，其他人只有听的份儿。

区块链则是典型的英语角。每一个人都能说，没有人控制你，你可以找任何一个人对话。只要你口语水平高，你甚至可以主导英语角的对话。

更重要的是，区块链里，每一个节点在系统里的权重都是一致的。系统每一次都可以在链入这一系统的所有节点里选择记账者。因此，哪怕是某一个或者是部分的节点被黑客攻击、摧毁了，都不会影响区块链的运作。

4.2　不可篡改性

这一"不可篡改性"的规则，就好像一个账本摆在你与所有人的面前，要求大家只能使用钢笔书写——如此一来，任何的改动都会被看到。被改动过的账本是不会被认可的。

这与区块链的自身设计相关：区块链的激励模式决定了拥有记账权的节点记账，其他节点只是复制式记账。因此，每一个节点的账本数据都是一模一样的。这也意味着，单个节点的数据篡改没有任何意义。因为若系

61

统发现两个账本对不上，它便会认为，拥有相同账本数较多的节点的版本才是真实的账本，而那些少部分、不一致的节点的账本是假的、被篡改了的。系统会自动将这部分不一致的账本舍弃。

这就意味着，如果你想篡改区块链上的数据内容，就必须要控制整个系统里的超过半数的节点，即"51%攻击"：发起攻击者必须要控制整个系统 50% 以上的节点，才能让系统采纳自己被篡改过的数据账本。

这也正是区块链安全性的来源之一：当整个系统里的节点数量高达数十万甚至是数千万，同时又分布在世界各地时，数据被篡改的可能性小之又小。从理论上来说，除非你能控制这个世界上绝大多数的电脑，否则，你根本没有机会去篡改区块链上的数据。

4.3 高度流通性

区块链的去中心化决定了，在拥有联网的计算机基础上，每一个个体都能在该系统中充当起"节点"角色。

这就意味着，不管你身在中国、美国还是遥远的南极，你只要拥有一台联网的电脑，你就能成为区块链系统里的一份子，并加入到区块链数字资产的记录与交易过程中去。这也意味着，比特币、以太币等区块链相关资产在互联网世界里拥有着高度的流通性。

4.4 可控匿名性

我们在之前已经说过，因为区块链技术是基于密码学与加密算法建立起来的，所以，区块链世界里的公钥与私钥都建立在密码学基础上。投资者在进行数字资产交易的过程中，唯一公开的信息就是公钥。而交易者背后的真实信息其实都处于严格的保密状态下。

这种"可控"就好比我们的网购过程一样：由于参与网购，我们的电话、家庭住址甚至是资产相关的个人信息都有可能被不法分子所利用。但在网购过程中，这些信息又往往不可避免地会留给店主与快递。那么，是否有一种方法，让我们既不留电话、又能收到快递？

有的，这个方法就是可控匿名，即你不需要透露一些信息就可以证明自己是这些信息的主人；你不需要将电话给快递，就可以证明"这个快递是我的"，并且，让快递员联系到你——区块链正是利用公钥与私钥来实现这一点的。

这四大特点组合在一起，为组织机构在数据与业务网络里提供了一种高效可信的运作模式，同时也使它能够应用到很多行业与领域中，解决许多实际问题的痛点。

5. 币圈与链圈之争

区块链行业存在着一个极其有趣的现象，技术圈与发币/炒币者是分离的，并因此而形成了币圈与链圈两个不同的圈子。

图2-16　币圈与链圈

不过，从 2018 年 8 月 22 日开始，腾讯团队永久封停了一部分涉嫌发布 ICO 和虚拟货币交易炒作信息的公众号，并屏蔽了这些账号下面的所有内容。这再一次预示了中国区块链终将走向"以链为主"的未来。其实，腾讯的这次封停，早在 2017 年已有预兆。

5.1 来自于国家的 ICO 禁令

ICO 是 Initial Coin Offering 的缩写，其目的是为区块链初创公司提供机会，为那些好的项目与想法筹集资金。项目早期，投资者可以获得项目初始产生的加密数字货币作为回报。

▶ 什么是融资

我们可以举这样一个例子，你的朋友小李刚刚创业时没有钱，于是，他便拿着计划书找到你，承诺只要你投资给他一百万，他就将公司 30% 的股份转让给你，公司盈利了，就可以分红给你。但是，这里存在着一个不确定因素：若小李的公司盈利了，你可以得到分红；若没有盈利，你的钱就打了水漂。因此，融资这件事情，考验的其实是投资人审视与挑选有潜力项目的具体能力。

▶ 什么是 ICO

你的朋友小刘是一个 IT 男，最喜欢钻研软件。他听说你投资了小李的公司后，找到了你，说要利用自己的优势去开发一个新软件，这个软件至少能挣 1000 万元。不过，这样的话他并不是第一次告诉你。但因为你不懂软件，因此，这一次你依然不想投资。

但小刘此时提出了你没有听过的东西：他先是告诉了你比特币的故事，告诉你它现在有多么值钱，然后秀出了自己的故事。

如果你投资了他，作为回报，他会将"小刘币"卖给你。这是非常稀有的东西，比钻石还少。如果未来他的公司卖出一个软件，用 1 个"小刘币"就能买 4 个软件。只是现在公司处于创业阶段，你只需要 1000 元就能换一个小刘币。这时，你的投资不过是小小的一笔钱，但等到公司盈利了，你再将小刘币卖掉，就能挣更多钱了！

▶ICO 是否是骗局

乍听起来，ICO 与股票很像。但实际上，两者间存在着天壤之别：股票有着相应的社会机制与完善的法律机制，同时还有国家监管。一旦出了什么事情，好歹有个解决机制。相比之下，ICO 却没有秩序、缺乏监管。若有别有用心之人有意操作，那些想要投资但又不懂区块链的人被骗的概率极大。

2017 年 9 月 4 日，来自于中国银行等七部门联合发布的一份监管文件表明，从现在起，中国境内任何个人与组织不得通过虚拟货币筹集资金，因为他们"严重扰乱了经济和金融秩序"。

其实，国家对 ICO 的这种谨慎态度是正确的：在这一领域内，并无经验可供我们借鉴。后面会发生什么样的事情，谁都无法预料。当一项新投资内容没有法律与相应的社会机制去约束，它便失去了控制。这就好比一匹脱缰的野马一样，你永远不知道它的目的地在哪里。若被一些不法分子有意介入，再利用它进行非法活动，那么不仅个体投资者的利益会受到损害，整个国家的经济体系都有可能因此而受损。

5.2 币圈与链圈之争

中国币圈原本也有不少大佬，但在国家禁令之下，这些辉煌如今已经成为过往。不可否认，国内有些人曾靠炒作比特币、以太币获得了巨大收益，甚至就此实现了完全意义上的财务自由，但大部分投资人都成为了"被收割的韭菜"。

在股市一类公平且规范的投资环境里，投资者拥有平等的机会去获取信息。谁可以根据自己掌握的信息，作出更有利的投资预测，谁就能成为这场博弈的赢家。不过，在加密货币市场中这一规则发挥作用的概率并不大。

在眼下的加密货币市场中，市场参与者之间并非公平竞争，他们的获利大部分是以牺牲他人利益为代价的。

更重要的是，市面上绝大部分的区块链项目都不具备金融学与经济学的底子。而那些依据于这些项目发布出来的虚拟货币，大部分都有致命的漏洞。随着炒币市场的变冷，这些项目逐步归零本身就是大概率事件。

有些项目虽然在未来具有极大的发展潜力，但在孵化机构和币行那里，却会遭遇一致反对。这些反对者大部分是币圈首领人物：他们是大投资者，更是"庄家"，他们的期望就是通过收割项目与机构获得利，而拥有长期价值的虚拟货币往往需要培养多年，自然会引发不满。

币圈最大的问题就在于，他们中的很大一部分人对区块链持的是一知半解的态度，也没有具体的应用场景。这些人唯一关心的就是如何入场，给空气币抬价，然后套现离场。

但在链圈中人来看，区块链本身就是技术狂人的乐园。因为不管是比特币还是区块链，最初都是一群在技术上可以称神的人们从密码学角度生成的成果。可是，这一成果却被币圈所破坏。

对于链圈的人来说，区块链还是一个婴儿，需要慢慢在技术的成熟下推动它的成长。但币圈的人却总是在拔苗助长。这对于区块链的整体发展来说，无疑是有害无益的。

6. Token：区块链的初心

其实，链圈中人所秉持的做事之道更符合中本聪的初心。

链圈中原本包含着币圈，因为像比特币、以太币一类的 Token 本身就是中本聪激励经济体系的一种方式，而交易只是其中的一部分功能。

第二章 基础概念："只为生产力服务"的价值体系

但是，链圈里的Token走入现实后，被投机者拿来炒作套利，这便违背了中本聪的意愿。之所以这样说，是源于眼下币圈所流行的"炒币"与Token在设计原理上存在着根本的不同。

6.1 Token，用数学与算法建立共识与信任

在区块链的世界里，有这样一句话："了解了Token，便抓住了研究区块链经济的钥匙。"由此可以看出Token对于区块链整体的重要性。

虽然在全球范围内已有高达数十亿美元的资金投入到了加密Token的市场中，但哪怕是长期参与区块链社区成长的技术人员，对于不同Token类型的认知依然不明确。其中最主要的原因之一，就是因为区块链内眼下依然缺乏一套清晰、通用的定义与专门用语。

举个例子来说，一般人会将所有的Token都通称为"加密货币(cryptocurrencies)"。但事实上，这一定义并不明确。现在，业内对Token比较通行的理解是将其看做"可流通的权益证明凭证"，简称"通证"。

Token显然是可以被当成一种货币的。但更多时候，我们之所以会将Token叫作Token，是因为它本质上是一种支持某个特定网络、激励网络成长（也叫Network Token）的方式。或者说，它提供了一种对某个实体或资产的投资方法（也叫投资Token，Investment Token）。

我们可以从很多不同的角度来考察Token，不过，想要了解它的真实用处，我们必须要从它与区块链的关系入手。

▶Token与区块链的关系及其定义

区块链技术依据于其数据的不可篡改性，它可以用来保存两类信息：

一是描述、定义各类资源（资产）状态的信息。例如一个人的信用记录、一件商品、一个房产、一篇文学作品等；

另一种是描述资产交易过程的信息。

立足于这两类信息，我们可以观察到：Token作为交易的基本单位，必

67

然存在且仅存在于有交易的区块链项目中。

拥有了 Token，其实就相当于拥有了对区块链上某类资源的索取权。比如，拥有了比特币 Token 等同于拥有了转出比特币的权利。

拥有了以太坊 Token 以太币，等同于拥有了转出以太币的权利，或者利用以太币支付交易费用、利用以太币创建智能合约的权利。

拥有 Eos Token 便等于拥有了在该平台上进行投票的权利，以及使用一定量计算、存储、带宽资源的权利。

眼下，存在只保存第一类信息的项目（即我们在后面会谈及的传统资产类 Token），例如传统互联网、银行、政府在国际贸易、商品溯源、公证中的应用。虽然它们也可以不使用 Token，但从传统资产上链的长远计划以及区块链经济发展的整体来看，两类信息是缺一不可的。因此，区块链与 Token 是共生的关系。

这就意味着，不管你是打算发行一个 Token，还是打算对某个 Token 进行价值评估，你都必须要先了解这一 Token 主体本身所代表的意义。

6.2　Token 的四大种类

想真正理解 Token，就必须要认识到，不同类型的 Token 提供着不同的基本价值。当下，市场上主要的 Token 可以分为表 2-4 中的四类。

表2-4　市场上的五类Token类型与具体功能

Token类型	功能
传统资产类Token	使用密码学方法表示传统资产
应用类Token	提供数字服务的使用权
工作类Token	提供参与去中心化组织建设的机会
混合类Token（应用+工作）	同时提供应用类Token与工作类Token的功能

▶ 传统资产类 Token

即用密码学的方式来表示股权、房产、黄金等传统资产。Token本身拥有明显的基本价值。由于区块链上Token拥有良好的流行性与全球性等特征，传统资产类Token未来数量会激增。

▶ 应用类 Token

这类Token是眼下最热门的类型，可以提供一种数字化的服务。想使用项目的服务，就必须要持有该项目的Token。

这一类Token的价值主要体现在项目本身所呈现出来的价值上（图2-17）：只要其所代表的数字化服务在某种程度上有用，并且是市场上稀有的，此类Token的价值就会一直存在。

由其所代表的数字化服务的资源唯一性

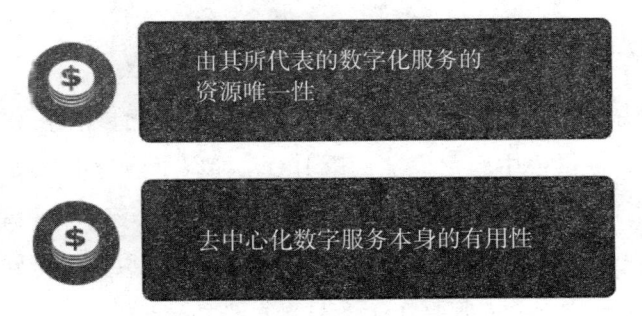

去中心化数字服务本身的有用性

图2-17 判断应用类Token价值的两大标准

而这也是我们判断此类Token的价值是否会持续的关键原因。

目前，比特币是最为人熟知的应用类Token：为了使用比特币区块链，人们必须通过比特币（BTC）的Token。超过以往互联网历史上所有得获得的哈希算力，保证着整个比特币区块链的安全。

根据这些资源目前所保持的唯一性以及它们与其他资源可区分的性质，未来比特币衣然会维持一定水平的基本价值。

▶ 工作类 Token

此类Token可以帮助持有者参与到该Token所属项目的建设过程中去，帮助该项目正常运转。

技术人员参与此类工作有时候会得到回报，但大部分时间里并不会得到回报。他们之所以愿意在没有回报的情况下去做这类工作，往往是因为"链圈"中人对技术的美好追求。比如，Maker DAO 的 Maker（MKR）。

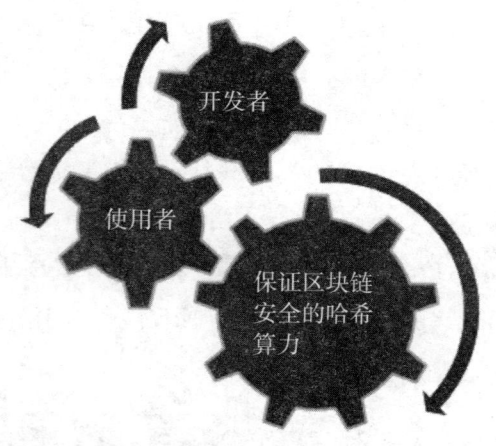

图2-18 驱动比特币数字化服务的三大要素

MAKER DAO 是建立在以太坊上最早的去中心化自治组织之一和智能合约系统，它提供去中心化稳定货币 DAI。拥有了该货币，技术人员才能够参与到数字货币的开发与创新过程中去，并有机会探索一些全新的服务，以了解未来区块链要如何设计，之后才能确保组织可以运转良好。

另一种工作类 Token 则是源于参与者自身的兴趣与得益，比如，Augur 的 Reputation（REP）。

Augur 是建立在以太坊平台上的去中心化预测市场平台。利用 Augur，你我都可以为自己感兴趣的主题创建一个预测市场（比如，预测哪个娱乐圈新人会大火起来），并提供最初的流动性。这是一个去中心化的过程。在 Augur 里，使用去中心化预测市场并不需要 REP。但是，它给了货币持有者报告事件结果的权利：他们会对自己所调查的事件做出清晰、真实的报告，并由此获得相应的信誉。同时，从每一个投票过程中获得相应的交易费用——很显然，这对于维持整个 Augur 系统的正常运转极有必要。

评估一种工作类 Token，需要问的最重要的问题是：人们会持续从这个去中心化的组织中获得效用吗？

▶ 混合类 Token

在可以预见的未来，Token 将呈现出混合状发展：当以太坊的工作量证明方法发生变化时，以太币（ETH）便成为了一个混合类 Token：

它先是一个应用类 Token，如果你想使用以太坊下的智能合约虚拟机，你需要拥有 gas；

然后它还是一个工作类 Token，以太币给了你验证交易以及在交易里获利的权利。

未来，也会有越来越多的 Token 向着混合类发展。

其实，Token 的发展趋势也决定了立足于区块链上的炒币现象虽然存在，但并不会长久：在应用尚未大规模落地使用以前，在依靠投机者预期形成的区块链浪潮中，必定存在着相当大的泡沫。这就好像互联网在 1995 年至 2001 年间的投机泡沫一样，是新科技由概念、发展到落地、普及阶段必然会出现的现象。而我们要做的，就是冷静下来，在了解区块链设计初衷的情况下，去探寻未来区块链发展的大方向。

第三章
开放性系统，
用算法打造共识网络

在区块链上，系统是呈现出开放性的：除了交易各方的私有信息被加密外，区块链上所有的数据对其他人都是公开的。整个系统信息高度透明，其实也意味着不管是企业还是个体，在区块链中，每一个参与者都是处于平等的状态。如何在平等的节点中筛选出记账者？区块链的解决方案是用共识算法打造节点间的一致。

1. 大格局：站在生态系统边界，力塑透明系统

眼下，各个领域内的竞争其实都已白热化。仅拿互联网科技与金融来说，两大领域内巨头产品线汇集，积累了大量数据。就如我们之前所强调的那样，未来数据寡头与数据垄断现象很有可能会出现。相比于技术垄断，数据垄断更难突破。

这种数据垄断对于企业与行业生态的发展都是有害无利的：只要涉及到沟通与合作，传统意义上的信息传输方式，都有可能造成数据丢失的情况。每一个机构都有自己的数据库，但是数据库之间都是异构、不透明的，彼此看不到。这种现象很容易产生所谓的数字鸿沟问题，形成"信息孤岛"，不利于行业良好发展。

1.1 当下中心化生态中乱象滋生

在当今社会中，第三方力量往往会被视为是解决社会问题的重要力量。不管是个人与个人之间的纠纷，还是个人与企业、政府间的矛盾，多会引入第三方力量进行公平裁决。比如，在医院与患者间发生医疗纠纷时，往往会引入第三方"医疗纠纷理赔处理中心"来判断双方各自的责任。

不过，因为第三方系统往往是中心化的，这使其独立能力与影响力受到质疑。仅拿第三方支付机构来说，其资金流向不够透明，管理存在漏洞，甚至被犯罪团伙用于转移赃款、套现获利等情况也时有发生。

▶ 信息不透明导致网络诈骗滋生

国内公益投诉平台11CN聚投诉曾在2017年年初列出数据：2016年，

据不完全统计，全网银行卡盗刷共发生7095次，累计造成客户损失1.83亿元。运营商黑卡数量超过1.3亿张，用于垃圾注册、刷单等欺诈行为。网络欺诈的不法分子数量超过160万人。网络诈骗"黑色产业"市场规模高达1100亿元，已成为中国第三大"黑色产业"。

"黑色产业'的"旺盛"源于第三方支付机构的特点：不管是支付宝还是微信等企业支付平台，它们与银行都是直连模式。直连模式下，不管是信息流还是资金流，都掌握在支付机构手中。在信息不透明的情况下，自然容易滋生乱象。

这种信息不透明对于个人最直接的影响就是，除非中心化机构通知，否则你根本不知道自己的钱去了哪里。比如你将银行卡与支付宝关联，期望实现更便捷的还款。但当你操作"还款"过程中出现了纰漏，或者已经点击还款，银行卡中的钱已经被扣除时，你并不知道钱到底去了哪——除非还款银行以短信方式通知你"还款成功"。

在这一过程中，钱在哪，经过了几个转账步骤，钱还未到账时被搁置在了哪里，你根本不清楚。

与此对应的是，第三方支付交易规模在近年迅猛增长。伴随着疯涨，乱象随之而生。一些第三方支付平台由于账户审核把关不严、网络监管不足等漏洞，被诈骗分子用虚假信息注册，继而绑定非实名银行卡转移赃款、套现获利。国内频繁出现的支付宝、银行卡被盗刷案件，正是此类第三方系统不透明导致的最直接恶果。

▶ 技术改造存在难题

与系统数据不透明形成鲜明对比的是基本的技术问题：由于各个支付团队所使用的接口不统一，技术团队也不一致（有些团队是自己研发，有些则是整体或部分外包），这就导致了哪怕是国家主持，实施数据合并依然有极高的门槛，且是一个无法预期结束时间的漫长过程。

2017年除夕当天，微信支付和QQ钱包两大平台的移动支付峰值超过2万笔/秒。在2017年时，仅支付宝平台的"双11"支付峰值便高达2

万笔/秒。而一家国有银行曾经透露，该行在2017年时，将系统吞吐量从2000/秒提升到了4000/秒，仅硬件便投入了高达20亿元。

可以想象，在目前的技术条件下，想要做到满足如此大的并发需求，仅硬件投入可能就要超过百亿元。因此，想改变数据垄断，第一个要求就是让网络设计满足第三方支付公司的庞大交易需求。

1.2 人人都能参与的交易系统

区块链所提供的数据管理模式是分布式的。它意味着，每一个人都可以自主控制，每一个人都能够积极参与其中。

▶ 公开化的特征

从本质上来说，区块链技术所具备的分布式、去中心化、数据透明等，都是开放性的表现，都可归属到其开放性与公开化的特性中去。

① 分布式的开放性

分布式的开放性体现在区块链系统的扁平性中：它由不同地点的计算机节点组成。在区块链的公有链里，任何计算机节点都能够随时加入或是随时退出，体现出了绝对意义上的自由化。

② 去中心化的开放性

传统系统里一些组织的决策权力完全集中在一个中心化的服务器上，其他节点只有服从。而在区块链的去中心化自组织这样的网络上，决策权是所有网络节点共同参与的，其权利结构呈现出了扁平化特点。

③ 数据透明的开放性

传统中心化模式往往将数据视为最大机密，并将之保存在自己的数据库且从来不公开。对比这一封闭性行为，区块链显得更开放。这一点体现在所有数据可溯源、可查询上：区块链的所有历史数据，任何人都能够通过特别的区块链浏览器，查询到相关信息。

中本聪在设计比特币区块链时，是要确保每一个在线比特币交易的完整性以及比特币这个货币的整体运作。因此，我们可以在眼下的区块链运作中观察到这样的事实：通过每一个节点记录每一笔交易，然后与区块链里的每一个节点分享这个记录。我们能够快速、无缝地在点对点网络中验证交易。

以眼下运作项目最多的以太坊为例：由于很多区块链项目是建立在以太坊基础之上的，导致以太坊偶尔会出现拥堵情况：

① 在不拥堵的情况下，不管是转账还是提币，都会立即到账。

② 在拥堵时，用户操作以后若收不到币，便可以去查询区块链内的转账信息。在以太坊区块链浏览器 https://etherscan.io/ 中，进行相应操作，你就能看到自己想要的结果：

① 输入需要查询转账信息的地址，便可以查看到该地址的所有转账信息和地址内的数字资产；

② 输入交易 ID，可以查询此次转账的转账信息；

③ 如果转账信息上显示 pending，表示还在等待打包。在矿工（即节点）打包某个时间段的转账信息后，会进行广播（广播会涉及到共识机制的具体运作，这一点我们会在稍后谈及）。

④ 广播后，经过节点确认，转账则成功。

⑤ 在区块链浏览器上还可以查看各个区块及每个区块内的信息。

比特币也是一样，对于比特币的转账信息，用户也可以使用比特币区块链浏览器查询。

开放性的系统设计保证了区块链内的数据对所有人都是公开的，任何人都可以通过公开的接口查询区块链中与数据和开发相关的应用。当然，在没有用户秘钥的情况下，没有人可以修改或者查看到区块链内的个人私密信息，所以不需要质疑区块链的安全性。

可以看到，我们在链上能够执行有价值的交易，这种模式是自动化、安全而机密的。而且你无需认识或者信任网络上的每一个节点，更不需要通过第三方——这也意味着，未来一旦区块链落地，整个系统的透明性都会大大提升。

2. 区块链就是一个大型共生体

区块链技术本质上是对商业模式进行构建的技术基础。一个区块链，就是一个共生体。它的存在是为了帮助身在其中的每一个利益主体设计、实施好自身的商业模式，即设计好它们的交易结构。如此一来，这一区块链便成为了一个具体的生态系统。

▶ 区块链与商业模式有着很强的对应关系

简单说来，商业模式其实就是利益相关者的交易结构。就拿企业来说，一个企业是由不同的内部、外部利益主体投入资源与能力后，提供出具体的产品或服务，然后通过相互间的交易来创造与获取价值。而当下的交易网络就是多个企业体联合形成的。这一交易网络要想运作得更有效率，要想拥有更大的价值创造空间，就需要建立起一个运作良好、交易成本足够低的商业模式（图3-1）。

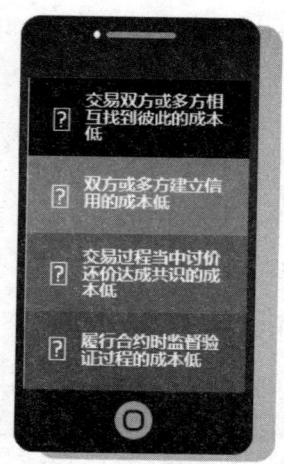

图3-1 高效、高价值商业模式的特点

在激励机制、共识算法的基础上，在数字化的虚拟区块链世界里，交易成本已经降到了令每一方满意的地步。因此，商业模式与区块链本身就存在着极强的对应关系。

▶ 一个区块链就是一个共生体

从商业角度来说，区块链技术其实重构了商业模式：它为处于链条内的每一个利益主体设计、实施了商业模式，让他们以更好的交易结构连接在了一起。一个成功的区块链能够演化成一个具体的生态系统。

仅拿"价值交换"这类内容来说，这一领域可以细分成两类（图3-2）。可供用户进行商品与服务交换的市场永远是可替代的。而公司所提供的存储能力、计算能力、相应网络与宽带、能源等资源，都是可以被商品化的。销售这些产品的公司之间展开规模竞争，往往只会被更大规模的经济所替代。

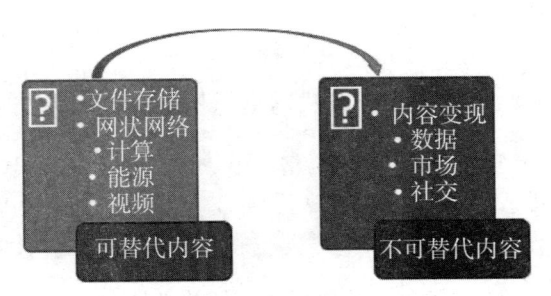

图3-2　价值交换市场中的内容

当区块链引入这一领域后，这些交易都将以不可再变的方式创建数据，并且在多方之间实现共享，而且不可篡改。

随着区块链和加密经济学应用的不断扩展，像网络、计算能力一类市场资源开发的时间与复杂性将不断被独立出来，这使很多人可以在没有传统公司层次结构的情况下协作并分享合作。比如，当下有很多独立创作的自由作家，他们在家中把作品上传至网络。

区块链在这一过程中所起到的最重要作用在于，它将传统的"信任"变化成了"可信的数据"，使信任的形成更加简单，人与人之间能够相互合作，共享合作的好处，同时却不需要承受传统公司的等级制度压力：你的作品是好还是坏，阅读者一眼就能看到。你不需要再接受上司的点评，只需要在阅读者的需求引导下创作，甚至是只创作自己希望创作的东西——创作的独立性由此得到尊重。

现在，不仅仅是价值交换，其他领域里的中间商也是维持秩序、维护安全和执行 P2P 市场规则过程中不可或缺的参与者，但他们逐利与剥削参与各方的本质也让人厌恶他们。而区块链则削减了中间商与费用，使用户能以更低成本进行产品与服务的交换。

当更多人进入网络并开放了潜在供应时，这一区块链就成为了一个具体的生态系统。

▶ 分布式商业模式逐步萌芽

在区块链下萌芽的生态系统，预示着一种全新商业模式的上升，这种模式就是分布式商业。

分布式商业模式包括了以下几个特点：

① 基础技术架构体现为分布式网络结构，相关各参与方是点对点对等关系，相互互不隶属；

② 眼下正处于低谷期，不过一旦越过技术的拐点，立即会实现指数级增长；

③ 社区自治、平台组织和生态系统的运行架构；

④ 协作机制体现为依靠共识而不是指令；

⑤ 激励机制体现为公平与去中心化的区块链设计；

⑥ 利益分配机制体现为共享、分享、他享。

虽然眼下分布式商业模式还仅处于雏形阶段，但它们都有这样的特点：轻所有权，重使用权；甚至没有所有权，只有使用权。

最典型的表现就是开源性软件社区、共享性经济模式以及区块链的分布式自治组织。这些组织都是无中心控制机制且去第三方中介服务的，并实现了以点对点、端到端的方式来运作。

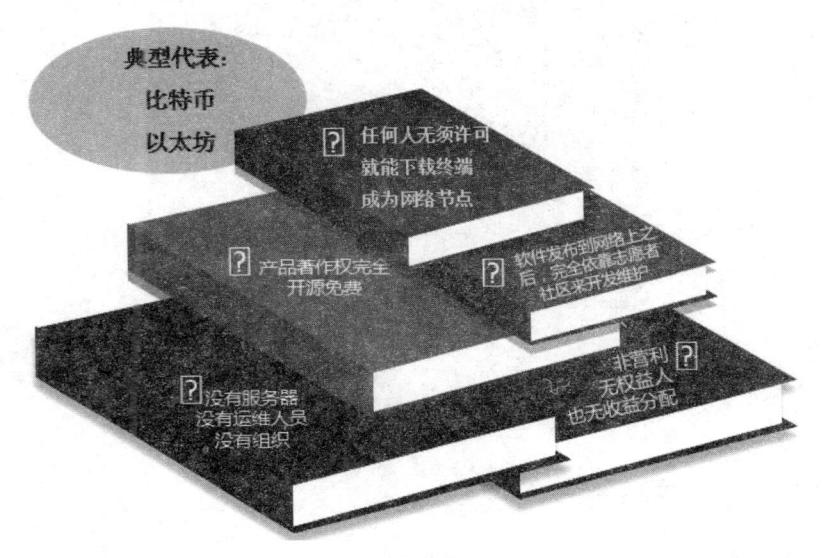

图3-3 分布式商业组织

不过，也正是因为区块链是一个大型的共生体，其利益分配机制与以往任何商业模式都有所不同。因此，区块链项目想要成功，就必须要有一个良好的机制设计。人性是自私的，只有考虑如何将每一个自私的个体、自私的诉求与新生的协作生态所要达成的目的进行良好的匹配，实现在每一个参与者满足自己自私目的同时，又可以在客观上促进整个网络协作机制的形成，实现激励相融，这样才能够实现区块链的长足发展。

因此，从根本上来说，区块链项目的成与败在很大程度上取决于一个好的激励机制的设计。

3. 激励全节点维护实现"链"接

不过，在区块链里，激励机制所受到的关注远少于它应得的关注。而想要理解激励机制的重要性，我们可以从图3-4中的两个问题入手：

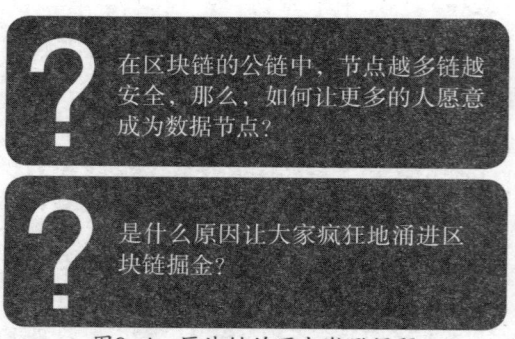

图3-4 区块链的两大激励问题

上述两个问题皆与区块链的激励机制相关，其重要性不言自明。

3.1 激励机制的作用

激励机制其实是通过经济平衡的方法，鼓励更多节点参与到维护区块链系统安全的运行中来，防止对总账本进行篡改。可以说，这是长期维持区块链网络运作的基础动力。

我们从区块链的基础模型构架中也可以看出激励机制对整个区块链所起到的积极作用。激励机制处于激励层，处于共识层与合约层之间。由于它成立于共识层之上，共识机制几乎决定了激励机制。

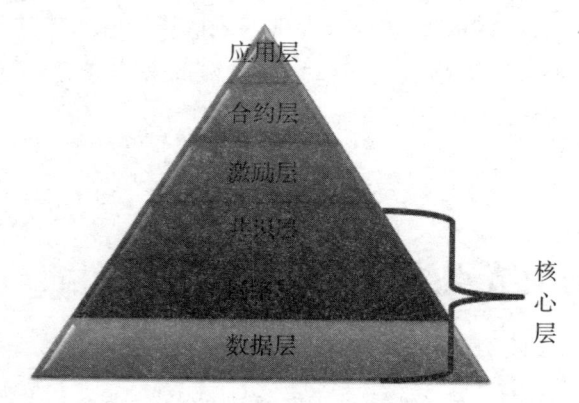

图3-5 区块链的六层架构

而激励层中又包含了"发行机制"与"分配机制"，两者统称为"激励机制"。

由于区块链达成共识的过程，是通过汇聚大规模共识节点的算力资源，以此来实现共享区块链账本的数据验证与记账工作。因此，其本质上是一种共识节点间的任务众包过程。去中心化系统里，每一个参与的共识节点（即矿工）本身是自利的——自身收益的最大化，是其参与数据验证与记账的根本目标。

因此，只有激励相容且合理的机制，才能保证每一个节点都知道。只要遵从理性，个体的收益就会最大化——这本身与保障整个区块链系统的安全与有效性的整体目标也相吻合。

3.2 激励机制的设计

仅拿比特币来说：
① 激励层是新发行比特币奖励（挖矿）与交易流通过程里的手续费；
② 由于总量有限，比特币的发行机制是随着时间呈现出阶梯递减的。

目前，比特币的分配机制有多达数十种。小算力的节点通过加入"矿池"来提升挖到新区块的概率，并共享手续费。而如何分配便是它的分配机制。

仅拿国内区块链平台 GaiaWorld 来说，该平台致力于区块链游戏公链的底层技术研发。这一非盈利性组织希望通过区块链核心技术的创新开发完成区块链基底拓展，提高区块链的计算能力，从而为游戏行业带来创新性更强的区块链解决方案。

该平台的激励机制便是"公平"与"去中心"化。

与比特币、以太坊一样，GaiaWorld 的奖励机制同样与自身的共识机制 CPoS 强关联。

在 CPoS 共识机制下，参与节点锻造需要加入锻造委员会——拥有创建区块权利的地址的集合。

锻造委员会被分为若干组，每一组轮流拥有创建区块的机会。当轮到某组创建区块时，这一组中投票权最高的锻造委员获得创建区块的机会——投票权与保证金数量、随机数和等待区块时间、区块高度相关，这在一定程度上能够让更多的锻造委员有机会创建区块。节点越多，去中心化程度自然也就越高。（注：所有地址均可申请加入锻造委员会，但会收取一定数量保证金。保证金和锻造者的权益值相关。这样做是为了防止微资金加入锻造委员会，防止地址作恶。）

在 GaiaWorld 中，锻造委员的奖励由两部分组成：

① 主锻造委员创建新区块获得该区块中所有交易费。

② 举报作恶锻造委员获得该作恶地址的所有保证金。（激励机制中需要有可信性，确保没有人可以从谎报和欺骗中获益。）

不同于 PoW 共识机制挖矿对电力资源和电脑资源极大的消耗成本，GaiaWorld 区块创建对资源的消耗极低。即使只有交易费作为奖励，锻造委员获得的奖励也足够多了。

相比 PoW 的矿池和 PoS 的马太效应，CPoS 的激励机制由于引入了足够的竞争性，再加上随机数会更公平，因此，可以让更多主体参与进来，保证去中心化的实现。这也是 GaiaWorld 项目创造出更稳定、更安全区块链环境的共识。

4. 从降低交易成本开始，提升价值交换的效率

在 1937 年时，英国经济学家罗纳德·科斯提出了"交易成本（Transaction Costs）"这一概念，并直接对经济学的发展起到了推动作用。交易成本的提出，使人类在"供需法则"以外，还可以从一个统一的视角去观察我们所处的商业社会背后的底层逻辑。

▶ 真实的世界里，我们通过交易来创造与获取价值

不管是个人、家庭，还是公司、政府，抑或是其他的组织，在真实的世界里，都是通过交易来创造价值、获取价值的。

这里的交易有着两重含义：

①通过交换创造和获取价值。一支笔，A的生产生本是1元，但售价为8元。买方B认为它只值3元。经过了讨价还价以后，两人以5元的价格交易成功。在此过程中，A赚了4元，B赚了2元——两个人合起来创造了6元的价值。

②通过合作创造和获取价值。比如，甲与乙合作，甲投入劳力，乙投入资本，双方形成一个共生体，一起为另外一方提供服务，收入了100元。将合作过程中的成本60元减除，剩余的40元就是交易带给双方的共同价值增值。再利用一定的分成模式，例如甲拿40%（16元），乙拿60%（24元），如此便能更好地分配双方创造的价值。

包括企业、个体在内，所有利益主体创造、获取价值的活动，其实都能够用交易来解释。据耶鲁大学的研究发现，有十个因素（图3-6）会影响价值的创造和获取。

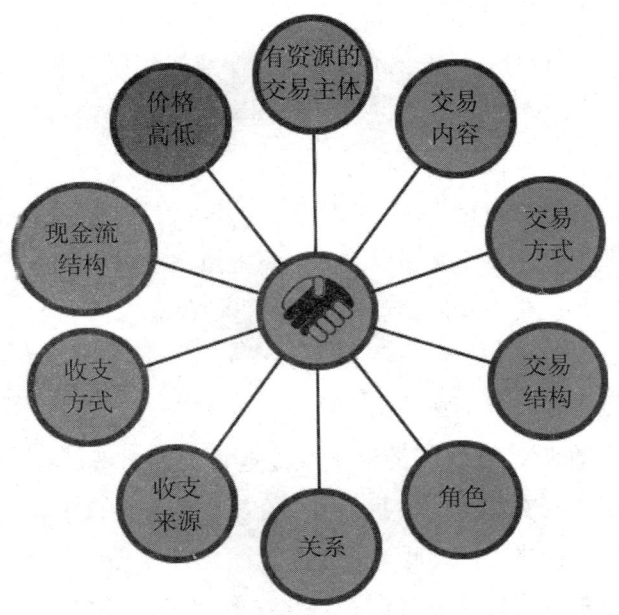

图3-6 影响交易的十大因素

其中,"角色"是决定双方交易成本的关键。在双方交易中,如果引入了第三方,双方的交易成本就会大大增加,而收益却会下降。

▶ 互联网时代,交易成本是否能持续下降

什么是交易成本?

举个简单的例子:小白想要用两个馒头换老李的一个苹果。但小白担心把馒头交给老李后,老李不给他苹果。老李也担心,苹果给小白后,自己却得不到馒头。因此,他们希望找到第三个人来做担保,或者使用更长的交易流程来降低自己的潜在损失。

我们可以发现,不管如何,交易行为的发生必然伴随着交易成本的产生:你很有可永远也无法按"原价"买到一个苹果——因为第三方中间人会加价。一个苹果可能值8块,第三方中间人会加价到15元,并从中抽成5元。如此一来,老李与小白其实仅"苹果"这一项商品,就被共同抽走了5元价值。这便是当下的"交易规则":中间人获利,以确保小白可以得到苹果、老李可以得到馒头。

人类社会不断发展与进化的过程,几乎可以等同于市场规则不断优化、交易成本不断下降的过程。在这一过程中,大家各司其职,促进交易的达成:

国家会大力发展基础设施,制定经济政策;

市场会不断产生利于交易双方的中间机构;

企业会时刻优化自身的管理模式,降低协作成本;

……

规则无处不在,且不断进化。

在工业革命后,互联网的诞生,商业社会的直线式优化进程被打破:互联网时代里,身在中国的你我,可以在半夜购买来自于美国的电子产品。而且,这一产品价格还远远低于国内售价。

整个社会的交易成本在此时呈现出了断崖式的下跌。而连接这一切的亚马逊、阿里巴巴、京东等P2P网站,成为了新的赢家。

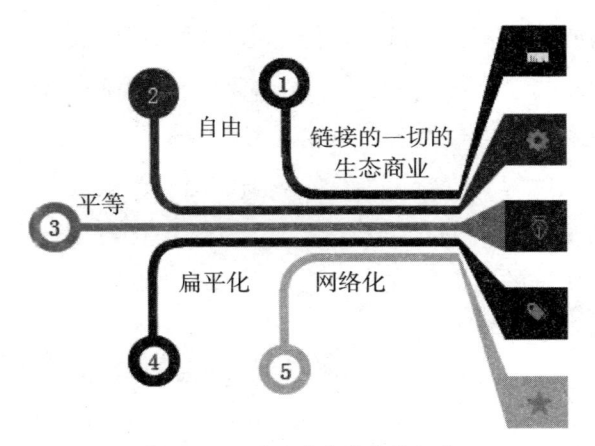

图3-7 互联网时代的交易标签

不过，伴随着互联网技术而来的技术红利正在逐渐消失。互联网的迅速普及导致了企业边际成本几乎为零。在这种情况下，马太效应愈发强烈：强大的企业越来越强大，弱小企业的生存空间则不断被剥夺。

另一方面，互联网各大巨头虽然占据了大部分的市场，但组织自身也因为规模不断扩张而变得日渐臃肿，其管理成本不断增长。与此形成鲜明对比的是，此类大企业的创新能力渐渐无力跟上不断变化的市场需求。

在自身的业务快要触及天花板后，大多数巨头开始通过收购、投资、拆分等资本运作来维持增长。这些资本运作的确可以在短期内让它们的财务报表变得好看。但是，若组织内没有恰当的"交易规则"来进行新资产的合并、消化，再优质的资产也会变成"积食"，甚至演变成不良资产，被市场淘汰。

如何在互联网魔力逐渐消失的当下，让企业的交易成本逐渐优化，甚至是实现同步提升？区块链给出了答案。

▶ 从剔除第三方开始，降低交易成本

区块链所带来的变革，使现有的商业规则被彻底简化。在社会交易成本于互联网时代再一次大幅度下降的同时，也对人类以往的商业观念产生了深刻的变革。

在2017年，西班牙最大的银行——桑坦德银行给出报告，若到2020

年，全球所有银行内部都使用区块链技术的话，每年仅成本一项就会减少约 200 亿美元。美国著名商业杂志《福布斯》于 2018 年 6 月份发表的一篇文章称，运用区块链技术可使公司成本降低 70% 左右。

在竞争白热化的现阶段，企业的盈利空间已经被极大压缩。如此诱人的成本削减幅度，在一定程度上解释了为什么各行各业对区块链都持有极大热情。而区块链的运作过程也表明了它的确能够在降低交易成本上大有可为。

仅拿日常生活中的交易场景为例：如果我们身在中国北京，想要买英国伦敦的特产，通常并不会直接跑到伦敦，而是会通过国际性的第三方购物平台与当地售卖者取得联系。整个交易过程也会建立在第三方平台基础上。之所以会这样选，第一是因为第三方平台提供了便捷的购物渠道，第二是因为它在一定程度上保障了我们的交易安全。

当然，我们都心知肚明：如果交易并不是发生在第三方平台，而是与店主直接进行的，那么，第三方中介的成本便能够大幅度降低，我们也会以更低的价格买到该商品——而区块链的开放化，便是将这一传统交易中所依赖的第三方权威抽掉了。

不过，消费者或许也会担忧：成本是降低了，但要如何保证整个交易的安全？其实，在区块链的全节点运作机制下，对交易安全进行监督的并非仅有一个第三方。其中打包特产的工人、运输特产的跨国运输公司、送达特产的快递小哥，每一个身处这一交易链上的人，都会对交易信息进行记录，从而使交易安全得到保证。

另一方面，区块链的非对称加密技术也为每一个商品在源头就盖上了"防伪"戳。想替换掉其中哪怕微小的部分，都会留下痕迹，全节点的数据同步使每一笔交易都实现了不可篡改与共生共存。

5. 用共识算法验证每一笔交易

从理论上来说，所谓全节点即同步所有区块链节点的数据，这是一个去中心化网络的天然需求。因为与你身份对等、权利对等的节点的存在，你不需要相信一个中介。这些分布在全世界各地的节点会负责实时更新数据，广播和验证交易。

5.1 立足于共识算法

在全节点维护的过程中，区块链被提及的一个非常频繁的词汇就是共识算法。它是构筑共生体式互联网的关键。

我们之前已经提到过，在区块链世界，一切共识都由特定算法来实现。那么，到底什么是共识？

▶ 共识：不管是企业还是个人，大家都达成一致

在现实生活中，有很多需要达成共识的场景。比如两家企业谈判，双方或者多方签订一份合作协议等。而在区块链系统里，每一个节点都必须要做这样一件事：让自己的账本与其他节点的账本保持一致。

若在传统的软件结构里，这几乎不是问题。因为有中心服务器的存在，其他数据只需要向主库看齐即可。在实际生活中，很多事情我们也是按着这一思路来的。比如，手机行业龙头企业苹果推出了一个新产品，其他手机企业往往会随之效仿；企业老板下达了一个通知，其他员工就会照着做。

不过，区块链是一个分布式的对等网络结构。在这个结构里，没有哪个节点是"龙头"或者"领军者"，一切都要商量着来。

所以在区块链系统中，如何让每个节点通过一个规则将各自的数据保持一致，是一个非常核心的问题。而这一问题的解决方法，就是制定一套共识算法。

▶ 共识算法 = 公认的规则

共识算法从根本上来说就是一个公认的规则。每一个节点都需要按着这一规则去确认自己的数据。

想搞清楚这一点，我们可以先想一下自己在生活中会怎样解决这样的问题。假设一群人开会，这些人的角色都是平等的，大家各抒己见，如何在最后统一作出一个决定？

此类情况发生时，我们一般会在某个时间段选出一个人，并让这个人负责汇总大家的意见，然后此人再发布完整的意见，其他人投票表决。每一个人都有机会进行汇总发言。最后，谁的支持者多，就以谁的意见为准——这种思路其实就是一种最普遍的共识算法。

不过在实际操作中，若人数多达上千万，自然很难使用这种效率奇低的方式投票。我们需要一种更有效的机制来筛选出最有代表性的人——在共识算法里，即筛选出最有代表性的节点。

▶ 谁会被选中？算法来决定！

区块链筛选代表性节点的过程，其实就是设置一组条件。就像老师以成绩筛选尖子生、教练筛选运动员一样，给出一组指标，让所有人来完成。谁能更好地完成指标，谁就有机会被选上。

在区块链系统中，存在着多达十几种的筛选方案。这些以"共识算法"命名的筛选方法中，最常用的是以下三种：

① PoW（Proof of Work，工作量证明）。

主要代表：比特币。

所谓的比特币挖矿，就是通过计算符合某一个比特币区块头的哈希值，来争夺记账权。这个过程需要通过大量的计算实现。简单理解，就是你进行的计算量越大（工作量越大），你就有更大概率获得记账权。

PoW 最大的缺点就在于，耗能过高：所有的节点都来求解，但最终只有一个节点能够解出来，其他节点都会白忙。这就造成了大量电力计算资源的浪费。

② PoS（Proof of Stake，权益证明）。

主要代表为中国区块链项目 ppcoin 推出的"ppc"，也被翻译为"点点币"。

简单来说，这一记账方式就是根据拥有资产的多寡来分配获得记账权的概率。这种记账方法类似于股份公司里的股东，大股东拥有更多决定权。不过，这样的记账方法明显有些权利集中化的体现。

③ DPoS（Delegate Proof of Stake，委托权益证明）。

主要代表：EOS。

该记账方法属于 PoS 的改进法。它通过社区选举，产生具体记账者。类似股份公司中的董事会。

不过，我们有必要在这里谈一下区块链"去中心化"的思想。

"去中心化"令人联想到民主、平等，而中心化则让人联想到专制与独裁。但事实上，如果你读过《人类简史》，你就会知道，现代人之所以会逐渐融合，源于图 3-8 所展示的三股力量：

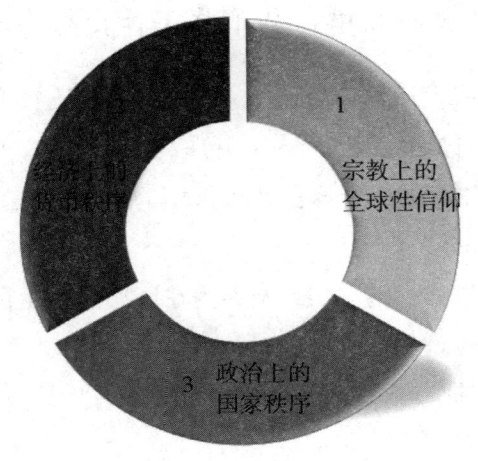

图3-8　让现代人逐渐融合的三股力量

世界上所有的国家权力都集中在首都，地区权力则集中在省会。每一个公司都需要有一个董事会，每一个部门都要有一位经理。生活中的一切，都表明了人类的活动是有中心的（注意，此处不是"中心化"，而是"有中心"）。而 PoS 也正是基于这种思想：选出若干代表，每个代表代表了一部分持币者。代表们交流决策新的区块产生，并不需要所有的玩家参与。

对上述三大共识算法的阐述，我们其实就已经可以推算出它们具体适用的不同区块链类型。

图3-9　三大共识算法各自适用的区块链

在三大共识算法的帮助下，区块链得以实现节点维护链接的目的。当然，随着不同区块链项目的涌现，共识算法也在不断地改进中。在未来，或许会出现更先进的区块链共识算法。

5.2　大部分时间里，我们将工作交给专业人士

不过，就像我们所知道的那样，虽然区块链支持全节点维护，但是否有必要全节点参与其中？

在 2017 年 11 月初，全球比特币可用的全节点总数为 9834 个。其中，有高达 25.37% 分布在美国。

为什么会有这样的情况出现？因为在区块链中运行一个全节点并不简单，它需要下面的五大条件：

① 145 个 G 的空白磁盘空间，最少 100MB/s 的读写速度；

② 2 个 G 的内存；

③ 连接宽带，宽带速度最少是50KB/s；

④ 每个月大概需要上传200个G，下载20个G的数据。第一次启动节点的时候还需要额外下载140个G；

⑤ 每天需要开机运行6小时，最好是连续运行。

由此来看，想运行一个全节点的门槛并不低。对于那些欠发达地区的人们来说，他们可能本身并不具备参与到全节点的条件。

由于全节点承载着网络安全的重要意义，它能够验证交易——那些违背了共识的交易会被节点拒绝，因此，人们更乐于将全节点比喻成"投票"权。不过，并不是每一个人都需要运行一个全节点。

中本聪在设计之初曾经提到，只要大多数节点的算力未联合起来对全网发起攻击，那么，诚实的节点便会生成最长且远超过攻击者的链。最长链是非常重要的，因为比特币的共识之一就是永远认可最长链。也只有那些在最长链上打包交易的矿工才能够获得相应的奖励。

另一方面，对于全节点运作这件事情，专业化的矿工能够做得更好：在利益的驱使下，他们会更努力地维护硬件性能，让网络变得更具稳定性。哪怕在一个公司的私链上，也不适合所有人都运行全节点，那样只会给网络造成巨大的负担。这反而是一种资源浪费了。

第四章
立足智能合约，带来新运营模式

　　区块链技术的不断发展与现实运用，其实就是为了实现一个理性的信用化生存环境。从普通人角度来看，未来使用区块链钱包支付，可能只是比用现金或者支票支付节约了几毛钱的手续费。但从技术角度来说，这1毛钱的成本节约背后是更公平的交易环境：在智能合约的基础上，一切违约行为都将被提前禁止，从而保护所有人/机构在互联网中的生产价值。

1. 智能合约：是你的偷不走，不是你的拿不了

相比于区块链行业的其他概念，智能合约可能会令普通人更困惑：到底什么是智能合约？它又是如何运作的？

1.1 "智能合约"概念的问世

回顾一下"智能"合约的创建历史，有助于理解它的重要性。

"智能合约"一词的诞生，是早于区块链概念的。在 1994 年，美国计算机科学家与密码学家尼克·萨博首次提出了该词，并对它进行了初步的描述：它是以数字形式指定的一系列承诺，包括各方履行这些承诺的具体协议。

在传统世界里，我们之所以要建立合约，是因为在生产产品、提供服务时，需要将不同的人或物组合在一起，从而为其他人创造价值。比如，一架飞机的建造，需要由几千个不同的部件组成。若只在一个工厂中生产如此多的元件，显然是不可能的，因为它们涉及很多方面的专业。

所以，我们要建立这样一种合约：将某个部件的生产外包给其他的公司，他们再外包给其他人。如此一来，便形成了一个合约网络。而且，每一次的交易都会制定一个合约。

在典型的合约制定场景中，一般会有甲乙两方。他们都希望这一交易有利于他们，因此，他们需要做的是创造共赢。在此目的之下，大家根据法律、规则，制定出一些条款。其中，重要的依据就是合同法。

合同法是整个人类交易文明的基础协议。不管是经济还是生活，都在

很大程度上仰赖于合同法对双方的约束。传统的合约建立在合同法基础之上，用法律来规定双方的责任与义务。而制定智能合约的理由，其实与传统合约是一样的：在规则与法律的前提下，创建出双赢的交易。

不过，虽然尼克·萨博提出了智能合约这一概念，但在区块链出现以前，它一直处于"概念"阶段，因为缺乏让它发挥作用的场景。

直到现代区块链技术被引入，在比特币基础上发展出了以太坊技术后，智能合约才开始真正落地成不同形式的现实。其中，又以以太坊智能合约使用最广。

1.2 以太坊下的可执行代码

通过之前的描述，我们已经很清楚，区块链的本质是一个分布式账本系统。在比特币网络中，区块中记录的是比特币的转账交易信息。而在以太坊的区块里，除了记录了转账信息以外，还有可执行的代码。

这些代码是由以太坊的虚拟机（全称 Ethereum Virtual Machine，又称为 EVM）来进行的。以太坊里的每一个节点都会运行虚拟机，而虚拟机不仅会执行代码，还能够读写区块中可执行的代码和数据，校验数据签名等等。

如果我们将比特币比喻成第一代可通话功能手机的话，那么，以太坊就是通过虚拟机将自己进化成了智能手机。

在以太坊中，有两种账户：

① 外部账户，这是人操作的正常账户。地址即公钥，由私钥控制；

② 合约账户，地址随机产生，有点像游戏中的 NPC（游戏中不受玩家操纵的角色）。

在外部账户发起并且改变区块链上数据的行为叫交易，比如转账、部署合约和调用合约，等等。

与之相对应的是查询，指仅仅查看链上的数据而不改变，这种操作并不消耗 gas（即我们之前提及的工作量）。

而智能合约就是在以太坊的虚拟机上运行的代码与数据，它是区块链系统的内部应用，拥有着自己的账户地址与和存储空间。

外部账户可以部署智能合约，通过向合约地址提交一笔交易即可调用合约。不过，只要合约被部署，所有的节点都会自动执行，并且对执行的结果进行验证。

智能合约本身就是区块链的一个构成，因此它也是代码，也具备数据可追溯、一致性、不可篡改的特点。哪怕是你创建了合约，也无法对代码进行任何改动。

1.3 智能合约让一切自动执行

举例来说，A、B两家公司依据于某事签订了合同，但后来A单方面违约，不愿再执行合同条件。由于双方已经提前在区块链上设置了智能合约，此时，智能合约便会发生作用，强制A依据违约条款，向B进行赔偿。

这个例子里的智能合约自动执行了一个有关合作的合同。现实生活中，如果合作双方有一方违约的话，往往会导致另一方损失重大。仅拿B来说，如果没有智能合约，他想拿回自己的东西，就必须要向法院起诉。且不说打官司过程的繁琐，就算官司打赢了，判决书生效了，他依然需要向法院申请强制执行，包括立案、提供财产线索等……整个流程下来，每一个参与者都会消耗大量时间、精力与资源，尤其是本来就是受害方的B。

而智能合约则让一切简单了很多：它根据逻辑来编写与运作，将传统合约中的一切都变成了提前设置好的代码。一旦某一事件触发合约中的条款，代码便会自动执行。也就是说，只要编写代码时的要求被满足，它便会自动执行双方约定的义务，而不管当时双方的个人意愿。

我们在之前也曾指出，智能合约的功能类似于自动售货机。将智能合约与自动售货机类比：如果你向自动售货机（类比分类账本）转入比特币或其他加密货币，一旦输入满足智能合约的代码要求，它便会自动执行双方约定的义务。

义务往往会以"if then"（如果……那么……）的形式，提前写入代码。比如，"如果甲完成任务1，那么，来自于乙的付款就转给甲"。通过这样的协议，智能合约真正地实现了资产的数字化认证：合约规定是你的，谁也偷不走；合约规定不是你的，你自然也拿不走。

其实相比于已经打磨了成百上千年的传统合约，智能合约并不能做到如传统合约那样预测人的主观判断。可主观判断有时候也意味着模糊的判断与漏洞。相比之下，软件虽然僵硬、少了人情味，但却呈现出了无情、固定的自动化。

2. 过去，我们为第三方付出的机会成本

将"真实世界"与"数字世界"实现链接的第一个步骤，就是如何减少我们因为信任而造成的机会成本问题。从根本上来说，区块链创新的信任方式之所以有如此大的价值，关键就在于，它让我们因为信任他人付出的机会成本大大降低了。

信任问题，始终是人类发展与合作史上的一个大问题。为了解决信任问题，我们的先祖与前辈们投入了大量的时间与金钱。对于那些多个参与方参加的业务，信任的成本将会更高。

2.1 第三方获得的佣金，就是我们付出的机会成本

美国著名恐怖小说家斯蒂芬·金在《论写作创作生涯回忆录》中，曾经提到过这样一句话："有关写作，我们就暂时谈到这里吧。我们用来谈论写作的时间，就是你实际上没有用来写作的时间。"

为了"谈论写作",我们放弃了本来可以用来"练习写作"的时间。此时,"练习写作"的时间就是"谈论写作"的机会成本。

N.格里高利·曼昆,这位美国经济学家在《经济学原理》中给"机会成本"下了一个定义:"它是你为了得到某种东西而必须放弃的东西"。

我们常常面临权衡取舍,所以,想作出决策,就需要比较可供选择的行动方案的成本与收益。这也是机会成本的主要用途:它是用来考虑作出最有利于自己的决策。

在经济生活中,我们常常会为了第三方参与者的信任付出巨大的机会成本。这本身与社会的信任度高低息息相关:社会信任度越高,合作效率便会越高,我们付出的机会成本便越低;反之,信任越低,合作效率越低,我们付出的机会成本就会上升。

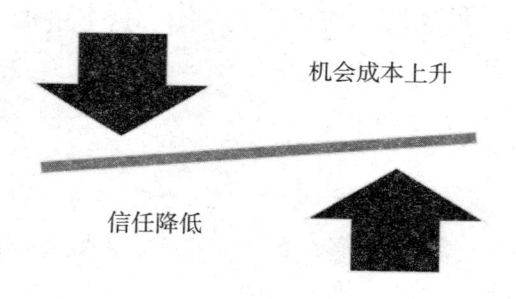

图4-1 信任与机会成本之间的关系

想象一下:如果你要卖掉一栋房子,你不仅需要处理大量的文书工作,与不同的公司、人员进行沟通,同时还要冒着各类的高风险。这也是为什么绝大多数的房屋卖家会寻找房地产经纪人。

"委托付款服务"是此类交易中最为重要的一步:固定资产类交易所涉及的金额往往很大,而来购买房屋的,多半是陌生人,我们自然无法完全信任他们。房地产经纪人则会从中起到监督作用,督促对方付款履约。

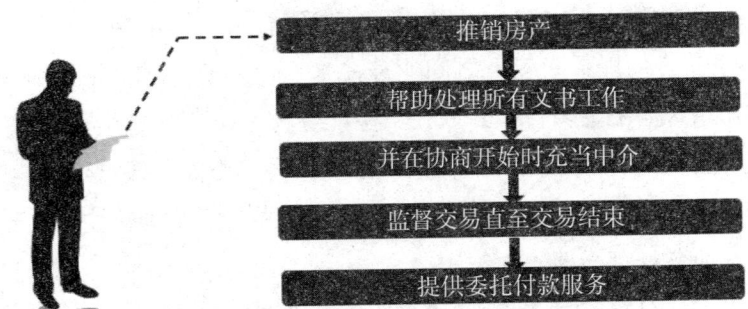

第四章 立足智能合约，带来新运营模式

图4-2 传统房产交易中，房地产经济人的作用

在交易成功完成之后，卖方和买方的经纪机构将获得房产卖出价值的一部分。在2018年的北京，这一佣金比例为7%。这就意味着，一幢房子的售价若在1000万元的话，经纪机构将获得高达70万元的佣金——这就是为了规避高风险而付出的机会成本。对于卖方而言，无疑是相当大的经济损失。

2.2 复杂业务中的机会成本往往更高

到现在为止，我们所列举的例子，不过是现代经济领域中最普通、最简化的第三方机会成本。

更复杂的机会成本产生于像国际贸易活动、信用证业务一类的活动中。

信任证是指，银行根据进口人（买方）的请求，开给出口人（卖方）的一种书面凭证。它的主要作用在于买方保证会承担支付货款的责任。在现阶段的国际贸易中，信用证是最主要、最常用的支付方式。

这才是区块链真正发挥作用的适用场景：在大型国际贸易里，买卖双方往往互不信任，进口商（买方）担心预付款后，出口商（卖方）不发货；卖方担心发货后买方不付款，类似的诈骗行为在国际新闻中时有发生。比如，卖方将货运到了码头，买方就是不肯支付尾款。如果再运回去，自然会亏本，于是只能在当地以低于成本的价格贱卖。最让人愤怒的是，此时，不肯支付尾款的买方会去抄底。

101

买卖双方为了保障利益，各找了一家银行当自己的担保人。由两家银行开具凭证，代理买卖双方之间业务往来。达到条件后，银行付款。这种减少进出口风险的业务方式，就是信用证业务。

可即便是这样，信用证诈骗依然很多。另一方面，银行为了规避风险，往往需要参与此次贸易的各方出具各种各样的书面证明，进行反复确认，导致整个业务处理周期非常长。

我们在图4-3中可以观察到，信用证业务是典型的多方参与型业务，包括了出口商、进口商、开证行、通知行、运输公司等角色。而且，我们在图中所描绘出来的参与者只是其中的一部分。因为在实际的交易链条里，还会有海关、保险公司、寄单行/附议行、评级机构等参与方。

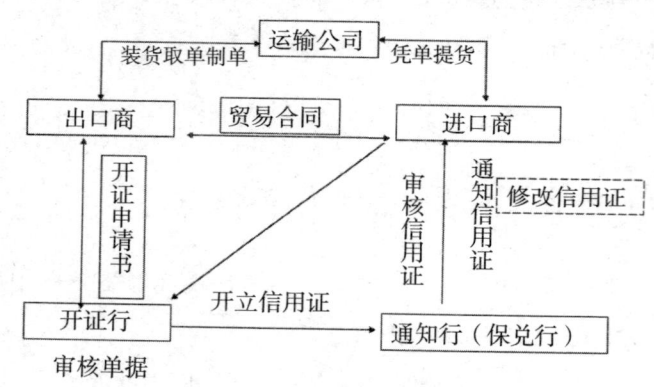

图4-3 传统信用证服务

2.3 多方参与业务的解决信任方式中，现有方案成本高在何处？

解决多方参与业务的信任问题，眼下是通过第三方机构完成的。

比如，上述进出口业务的信用证业务，就是通过SWIFT组织（环球同业银行金融电讯协会）的SWIFT系统开立信用证。通过它，银行与其他金融机构和同业交换电文，由SWIFT进行银行间转发，以此来完成整个交易，如图 4-4 所示。

图4-4　SWIFT作为第三方，简化了传统信用证业务

不过，哪怕是作为现下最先进的解决信任方式，SWIFT 也依然只解决了一部分的问题。它距离重建真正的信任模式、降低机会成本还差很远。这种不足主要体现在技术与业务两个层面上。

◆ 业务层面

SWIFT 属于国际合作组织，有认可它的经营原则并参与其中者，也有不愿意加入者。此外还有一些因为业务范畴或规模达不到 SWIFT 要求的组织，比如一些进出口商、保险公司等。这些组织自然无法通过 SWIFT 进行交易与清算。

这些组织在需要办理信用证业务时，银行只能通过其他方式反复确认，以避免诈骗行为。这导致了整个业务流程极长，非常复杂。

◆ 技术层面上

多方参与的业务中，一旦处理业务的过程中出现了技术故障，处理起来就远比普通业务更加复杂。为了保证少出问题，SWIFT 在技术上投入了高额资金，动用了很多先进的手段。

比如，该组织曾经为每一个参与方都设计过应急系统，试图通过两个不同厂商的 SWIFT 网关互为备份，并安排专人排班，对异常情况进行专门管理。再加上 SWIFT 本身在阿姆斯特丹、纽约设立了交换中心，同时也在各个参与国开设了集线中心。由于各国网络环境不同，每一个中心的接入的标准和模式也不一致，使得开发、维护的成本都非常高。

而这一切还是在简化了多参与方业务内容后的结果。如果再加上银行间清算、具体的付款过程等，我们将会直观地看到，请第三方机构解决信任问题其实要付出惊人的机会成本。

不过幸好区块链诞生了：当一切交易与证明都基于链上数据时，信任被技术重建了。

3. 将"基于人性的信任"替换成"基于代码的信任"

从这种无情、固定的自动化模式来看，我们完全可以引用2015年《经济学人》杂志的封面文章来解释区块链的意义：它是信任的机器，可以通过机器取代信任中介，用机器来管理经济社会。

仅拿银行体系来说，当你需要从国外进口商品，并去去银行申请信用证时；当你需要申请信用卡时；或者当你需要购买房屋，但现款不够，必须要申请贷款时……你都需要提供很多证明材料，以证明自己的征信是没有任何问题的。

这是一个既耗费时间、又耗费精力的事情。但是，在区块链成千上万笔交易里，并不需要任何证明材料，却没有发生过一笔诈骗交易。在这一过程中，机器建立起来的信用交易成本是零，信任成本也是零。

▶ 传统的信任模式

我们再拿更具体的例子来说：一套房子，准备从卖方的名下转移至买方名下。假设双方已经达成了相关的协议，那么，下一步，双方就需要按着步骤来进行。

⟶ 买方付首付；

⟶ 假设买方有向银行借贷资金，那么，银行会支付剩余的款项；

⟶ 如果房产在当下有未支付的月供、税费等，要先偿还；

⟶ 剩余的资金会由银行转给卖方；

⟶ 任何必要的新留置权（比如买方的抵押），都会被添加到资产中；

⟶ 资产的所有权会从卖方更名成买方。

假如眼下在美国购买一套房产，平均价格为70万美元，这笔资金并不少。因此，对于买卖双方而言，寻找到可信的中介来促进交易的顺利进行，就显得极其重要了。

在一般买卖房产的过程中，我们基本上都会同意让中介来准备所需要的材料，并且在刚刚所提到的步骤中，持有自己的资金。这便保证了卖方不会拿到钱跑路，同时也保证了资产的意义。

▶ 智能合约下的交易更完善

区块链里的智能合约是如何完善这样的交易的？

在开始时，完成交易所必需的数据会被储存到单个的区块链系统里。比如，系统收到来自于 A 账户 70 万美元后，将用户名由"B"改为"A"。

同时，还会有类似于政府机构的资产与信用记录系统需要介入，并且，这一系统还需要使用加密货币，或者传统的自动房屋清算支付机制。

假设上述条件都得到了满足，那么程序人员便能够在接下来设计一个立足于区块链的智能合约，请它来监控上面所说的所有数据。

在此过程中，为了使这项交易顺利执行，以下步骤就需要满足：

① 买卖双方需要在销售条款上达成一致，并且将这些条款写入智能合约。最后，还需要双方的电子签名，表示彼此都同意这样的约定。

智能合约会在区块链转账步骤上写下条件与认证要求。

② 交易结束以后，买方会将首付款通过智能合约发送到智能合约的锁定账户上。智能合约应用会在区块链上写入新的锁定余额与支付记录。

③ 假如所有的文件签署都能够顺利进行（一般情况下，这些文件签署是在系统下、现实世界里进行的），买房者贷款的银行会将剩余的资产通过智能合约转到锁定的账户。智能合约会在区块链上写下新的账户余额和转账记录。此时，从智能合约上可以看到，双方交易的条款与买方已完成的支付。

假如支付满足了前期设定的交易条款，智能合约就会开始执行以下的交易项目。

④ 智能合约应用会将产权名称转成买方。如此一来，为该套房产贷款

105

月供的银行就会有新的还债人,并且,剩余资金会被转给卖方,所有的记录都会被记录在区块链上。

⑤ 智能合约应用将资金转移到各个债权人名下,并将各个债权人账户关闭,锁定各个账户的余额。在此笔交易下,该账户不会再进入、出去任何资金,交易相关的记录都会以不可篡改的方式记录在区块链上。

以上假设的工作流程,其实就是智能合约在真实的房地产交易过程中所产生的作用。可以看到,在假设中,它虽然可以去除第三方,但整个流程的实现需要资产记录系统获得较大的发展。比如,政府机构要实现债权相关信息的全部上链,否则,智能合约便无落地的可能性。

4. 让一切都基于协商好的规范与协议

智能合约上的一切都基于已协商好的协议。这就跟签署合同的过程一样,当你与合作对象商议好了合同中的每一个细小环节后,便将之放在区块链上,设计成智能合约的模式。如果你决定将它放在以太坊智能合约上,那么,你只需要将一定数量的以太币放入智能合约里,你所交易的资产就会自动存入你的账户。

接下来,你需要履行合同中已经规定好的义务,并将履行的结果上链即可——所有的规则与处罚都已经预先定义。而不履行或履行不完全者,将由智能合约强制执行处罚。

值得一提的是,智能合约与智能合约之间是相互依存的:它们可以独立运行,也可以与其他智能合约一起运行。

当它们彼此依存的时候,它们可以被设置成某种方式。比如,成功完成了一个特定的智能合约后,能够触发另一个智能合约的启动,依此类推。从理论上来说,整个系统与组织都是可以依靠智能合约来运作的。

这种类似于多米诺骨牌式的连环触发方式（图4-5）已经在各类加密货币系统里实现。在这些系统中，所有的规则都已经被设定好了，因此，它们可以独立自主地运作。

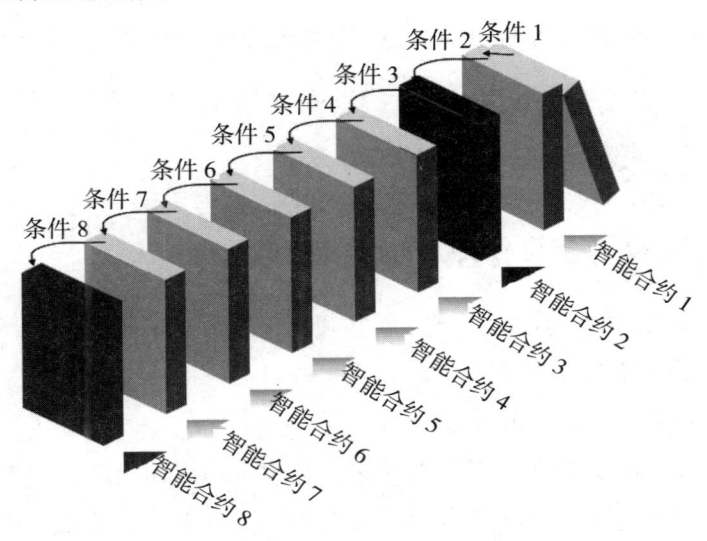

图4-5 智能合约的连环触发

4.1 智能合约有三大对象

从本质上来说，每一个智能合约都有三个必须要存在的对象。

▶签署方

智能合约生效的前提在于，双方或者多方使用，同时对使用数字签名的协议条款签署同意。

▶合约的主题

智能合约的主题只能是能够在智能合约环境里存在的主题。或者说，智能合约必须可以不受阻碍地直接访问该对象。

虽然早在20世纪时智能合约的概念便已经被提出并讨论过了，但正是因为这一特定对象阻碍了智能合约的发展，所以直到2009年比特币出现以后，问题才得到了部分解决。

▶ 特定条款

所有的智能合约都不能缺少特定条款。这些条款需要用数字方法以及适用于特定智能合约环境的编程语言展开完整的描述。这些条款包括了所有参与方所预期的要求以及与所述条款相关的所有规则、奖励与惩罚。

包括了签署方、主题、特定条款这三大对象，智能合约才算是正式成形。

4.2 智能合约有特定的运作环境

想要让智能合约正常运行，就必须要将之放在特定的恰当环境中。这些环境要求也有三大标准。

▶ 环境需要支持公钥加密

智能合约环境需要支持公钥加密，这也是绝大多数现有加密货币所使用系统。在贸易活动中，公钥加密能帮助每一个参与方使用其独特的、专门生成的加密代码来进行交易签署。

▶ 环境需要一个去中心化的开源数据库

在数据库开源、去中心化的前提下，签署合同的双方或者多方都能够完全信任彼此，并会将所有与合同相关的交易内容都放在链上，以帮助履行流程完全自动化。

此外，为了实现智能合约，整个环境自身也必须是去中心化的。这也是为什么区块链是运行智能合约的最佳环境。在诸多区块链底层项目中，以太坊区块链是目前在这一领域做得最出色的项目。

▶ 环境中的数据必须完全可信

智能合约事关着信任与合同的履行，因此，其所使用的数据来源必须是完全可信的。为了保证数据的可信，技术人员会使用根 SSL 安全证书、HTTPS 等已经在大多数现代软件上自动实现的安全连接协议，并以此来保证整个环境的可靠性。

4.3 智能合约带来了什么？

建立在特定对象、特定环境下的智能合约，为我们带来的是全新的运营方式。在预想的未来，智能合约将实现以下目的：

▶ 自治

智能合约消除了个人、企业对第三方中介的需求，使每一个参与者都能够实现对合约内容的完全控制。

▶ 信任

得益于区块链的特性，所有的文件都被加密并安全地存储在一个公开账本里。任何人都无法弄丢它们，更不能窃取它们。

此外，你不需要再使用传统的信任模式去考察你的（潜在）交易对象，也不需要再指望他们会信任你。理性、完全无情感的智能合约系统取代了来自于个体的审视，数字世界里，一切都将按规则进行。

▶ 节约成本

由于引入了智能合约，未来，我们需要公证人、经纪人、顾问等众多中介机构援助的可能性将大大减少。而这些中介方的减少，也意味着你不再需要为之付出高额费用。

▶ 安全

在智能合约被正确执行的前提下，它是极难被破解的。此外，其完美的运作环境也受到了复杂的加密保护，这使你的数据与相关文档都在安全之中。

▶ 高效

在传统的交易过程中，往往会进行大量纸质文档的制作、处理与传递。通过智能合约，这些传递、发送过程将被大大简化。由此，不仅交易成本大大降低，整个机构与交易的效率也会被大大提升。

眼下智能合约落地在技术上有还未攻克的挑战。比如，政府与监管机构要如何切入才能实现全链公开透明的协作？但与它相关的未来却如此可期：虽然合约的存在方式决定了它只能与数字生态系统里的资产一起使用，但眼下，很多应用程序正在积极地探索数字货币以外的世界，试图将"真实世界"与"数字世界"链接起来。

5. 低成本、高效率下的低欺诈率

在谈及智能合约所带来的低成本与高效率时，我们依然可以用复杂的信用证业务流程来切入。

5.1 从传统到智能合约，变化主要有三点

在之前的描述中，我们已经可以看到，传统信用证业务流程存在着下述问题：

① 多以纸质形式传递，安全性低，校验难；

② 目前，银行间的信用证开立并不存在电子化渠道，多为纸质信开。在发生信用证修改、到单、通知等情况时，没有直接的信息交互通道；

③ 银行间国内信用证目前多使用SwiftMT799、MT999或者二代支付的报文。但MT799与MT999不能支持中文，而二代支付报文较短，无法满足复杂的证明要求。

现如今，在区块链技术的帮助上，全球范围内已经形成了多个链接了买方行与卖方行的联盟链，真正意义上实现了三大变化。

① 信用证电子化，并能够做到准时、实时送达；

② 链上各个主体通过相互授信，建立头寸管理和轧差机制，实现信用证链上实时写入、实时读取以及实时验证验押，从而降低票据、信用证的在途时间，加快资金周转速度；

③ 信用证的变化可以实时被其他相关或企业及第三方获取，可保证各

方信息透明，确保相关方利益。

通过将区块链技术引入信用证领域，如今，信用证信息能够在链上实现快速、安全又可溯源的传递。最重要的是，区块链下的信用证还支持中文报文，这使其在国内信用证结算过程中完全可以将SWIFT取而代之。从整个国内的信用证大环境来说，它都是有着积极且不可忽视的作用的。

5.2 雄安新区的物理城市和数字城市建设

按照物理城市和数字城市的建设目标，结合区块链技术，中国雄安集团在雄安新区的建设过程中推出了区块链资金管理平台。这个区块链平台能解决资金挪用、违约转包等工程安全隐患问题，也能解决农民工不能及时拿到工资等问题。此外，雄安新区的区块链资金管理平台系统还能对植树造林等单位项目的专项资金流向进行监管。

例如，提前将参与植树的工人工资卡信息关联到区块链资金平台系统，动态掌握工人的工作情况。一旦触发发薪酬的条件，薪酬会直接打到工人账户上。

再例如，雄安森林大数据系统根据每棵树上的二维码，可以实现从苗圃到树木成长的可追溯全生命周期管理，精准管控树木生长、工程质量等，实现"数字森林"的构建。

区块链技术促进了雄安新区物理城市和数字城市建设。但从区块链技术的本质来看，其实就是其在征信领域内的拓展运用。

正如我们所知，区块链技术最先的落地运用是在金融领域，而征信是金融业发展的基础。例如在贷款方面，传统的做法是银行将贷款者的数据上传到中央银行征信中心。在需要查询数据时，直接从中央银行的数据库下载。这个过程复杂且数据不完整，人为操控程度太大，数据容易被篡改。但如果使用区块链技术，银行则一方面可以整理归类数据，另一方面可以借助这些可信的数据，进行贷款者的征信调查。

现代社会中，信用是人们的另一张身份证。在可期待的未来，区块链技术会助力征信行业更好地发展，也会带来更多机遇和挑战。

6. 一切可以数字化的东西，都可以上链

智能合约的存在，大大降低了未来企业运营过程中的风险。如今，智能合约技术已经开始广泛运用到了一系列文件记录、储存、交换、背书、认证活动中去（图4-6）。

图4-6 智能合约可运用范畴

就如同去中心化的金融交易过程一样，区块链也可以做到合约的自治实施。不过，这种上链自治需要有一个前提条件：内容可数据化。

6.1 无法用数据表示，便无法上链

将交易进一步扩展到普通的工作、交易领域后，我们便会发现，智能

合约并非是万能的，因为它所面临的挑战有很多。

▶ 任务分工与责任分辨成本高

就好像乒乓球双打运动员一样，你很难事先完全明确地区分彼此的责任。任务越是依赖于主体的主动性，分辨的成本就越高。这就好比你派员工与重要的客户谈判一样。如果你向员工承诺："赢了，会看你表现给予奖励！"可谈判的输赢，完全取决于员工的口才、环境识别力、应变力等个体因素，这些因素你要如何分辨与判断成本？

▶ 对任务执行过程的量化监控往往很困难

在管理学大师彼得·德鲁克所设想的"知识经济"里，以大脑里的认知活动为基础展开的劳动，往往极难对过程进行监控：你高薪聘请过来的设计师坐在那里一动不动一小时了，他是在开小差还是在思考创意？这是无法判断的。

▶ 就算能分辨与监控，执行奖惩也有着极大的不确定性

2017年，国内发生了一起著名的"教科书式老赖"事件：身为事件负面主角的黄淑芬在将他人撞成植物人（受害人于2018年去世）后，拒绝一切应履行的义务。就算后续法律判决，她依然秉持着"已经臭名远扬，没什么可怕的"的想法。对于这种老赖，如何衡量其需要履行的义务？

老赖存在，从法庭判决到执行也有一个过程与条件。美国田纳西州有一个名叫"孟菲斯"（Memphis）的地方被称为"破产之都"。因为在这里破产后，一切债务责任都可以通过谈判再仲裁——此时，法院判定并不能起任何作用，仲裁和解的结果才是最重要的。

对于这些涉及人性的情况，区块链下的智能合约显然无能为力。

6.2 数据上链的未来，企业运营正在全面创新

未来，只要可以数字化的信息都能够加入区块链。只要能够加链，信息产权便能明确，就能设定保护条件，自动发起、强制实施交易合约。

由于无需担心信任的验证与执行问题，区块链将有潜力演化成通用的组织管理技术，就像我们现在所实施的"上班打卡制"一样。其实，依据于现有已启动的区块链项目来看，智能合约正在改变着当下的企业运营。

▶ 创新传统交易制度

区块链与智能合约所带来的意义远远超过降低交易成本。事实上，它正在成为改变整个市场制度设计的新生力量。

例如，在租房领域，虚假房源信息泛滥，黑中介横行。中介和房客之间缺少信任，租房欺诈现象层出不穷。区块链技术通过数据共享，可以有效解决租房人和出租人信息不对等问题，打造绿色、有效、信任的租房系统。在2018年2月，雄安已经建成区块链租房应用平台。在这个平台上，房源信息、房东和房客的身份信息以及租赁合同等都会得到多方验证，并且信息具有无法篡改的特点。这对于房东和房客来说，都是一种保障。

奢侈品也正在引入区块链技术，在区块连技术的支持下，每一件奢侈品、每一块钻石都能够实现产品溯源。你可以从链上观察到你看中的钻石是从哪个矿山开采出来、由哪个公司雕琢成型的，甚至你可以知道，它是何时、由谁运送到商店的。

例如，在2019年1月，俄罗斯教育和科学部推出了一个由俄罗斯初创公司bitcarat开发的，用于记录钻石独特编码和转让权变更的区块链平台。

▶ 数据连接提升产品安全性能

保时捷金融策略师Oliver D.Ring曾经说："保时捷通过区块链技术使数据交易更加安全高效。这也会让车主更安心。无论车辆正在充电，或者停放在停车场，又或者是偶尔需要将车辆临时授权给类似物流公司之类的第三方使用，区块链技术的应用都将带给车主极大的便利。"

事实上，对于保时捷而言，区块链显然助力其更好发展。例如，基于区块链技术，汽车将成为区块链中的一环，可以将线上数据和线下数据直接连接，通过平台，汽车上锁、解锁仅需1.6秒，比之前速度提高6倍。此外，区块链技术下能将保时捷汽车的第三方服务和汽车本身的线上服务连接。当"智能合约"特定条件触发时，区块链技术将保证各个环节信息畅通，提升汽车的安全性。

▶ 微点交易正在变成现实

智能合约将有可能帮助突破交易量的大小的约束，使 P2P 的"微点"交易变为现实。随着自媒体的兴起和网络传播的碎片化，版权销售难度加大。不过，利用区块链技术，可以实现精准计费。哪怕是一段曲子或者是一段文字，都有机会实现"货币化"。

事实上，去中介的交易模式因为实现了内容生产者和使用者之间的直接沟通，提高了作品的变现率。例如，社交媒体平台 Steemit 利用区块链，将社交媒体和知识产权结合起来，保证创作者可以根据自己的内容受欢迎程度来获取加密货币形式的报酬。

第五章

去中心化经济范式，以最小成本获取最大价值

人们对于区块链的设想是，在每一个场景下，区块链都可以发挥出不一样的作用。也正是因为这样，区块链技术的价值早已经超过了"加密数字货币"这一概念。因其去中心化的特点，开启了立足于大数据的共享经济新时代。

1. 未来，谁更有潜力

"去中心化"往往会被误解。比如，有些人认为，区块链提倡与赞扬去中心化的原因，是为了抵制政府的审查制度，又或者是因为自由主义的政治观点。不可否认的是，这些都是比特币创始人中本聪本意中的一部分。但这并不是"去中心化"会如此重要的原因。

1.1 中心化平台的增长呈现为 S 型

我们可以看一下中心化平台所存在的最大问题。

不管是谷歌、Facebook、阿里还是其他领域的巨头，中心化平台的发展都有一个可以预测的生命周期。

当它们开始运作时，会尽一切努力去招募用户与开发者、企业与媒体组织等。这样做，是为了让自己的服务更有价值。因为平台本身就是具备了多方面网络效应的整体性系统。就拿 Facebook 来说，我们说它是一家会影响世界的大企业，绝不仅仅因为它是全球范围内一流的社交软件，更因为它的用户众多，仰赖它生活的开发者、投资者、广告商、品牌商家也很多。

随着平台的发展增大，它们开始呈现出 S 型的曲线增长（图 5-1）。在此过程中，平台越大，对用户与第三方的影响也就越稳定上升。

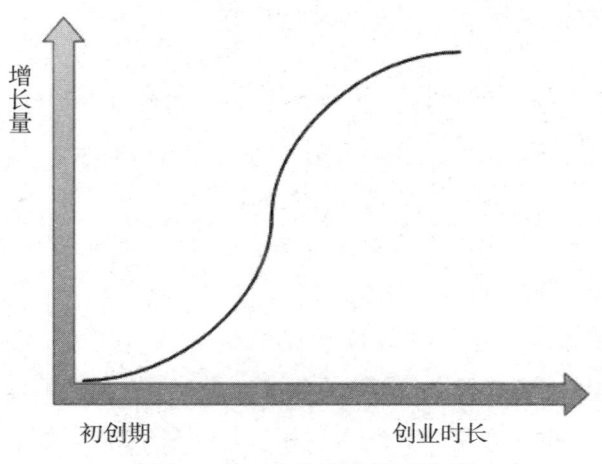

图5-1 平台成长呈现出S型曲线

不过，当他们到达"S"型曲线的顶端时，他们与参与者们的关系逐渐趋向为"零和博弈"：一方的收益是建立在另一方的损失之上的。

如何获得持续的增长？最简单的方法就是，继续从用户中提取有用的数据，并在受众与利润方面实现垄断。这方面的例子有很多：微软对网景、谷歌对Yelp、脸书对Zynga、推特对第三方客户端……

对于第三方中的个体来说，与大平台从合作到竞争的转变就如同一种诱饵一样：随着时间的推移，优秀的企业家、开发商与投资者们都开始以更谨慎的态度来面对中心化的平台。就像我们在前面提到的，一方面，他们需要从阿里、谷歌这样的企业获得数据、投放广告，另一方面，他们也得被迫接受此类平台的数据剥削。

对于个体用户来说，频繁地使用此类平台，其实就相当于放弃了自己的隐私与数据控制权，这将使我们更容易遭遇数据安全问题。

在未来，中心化平台存在的这些问题并不会得到缓解，相反，它们会日渐突显。

1.2 加密网络正在努力保持中立

区块链是建立在互联网之上的加密网络，在这一网络上：

①有多个增长的反馈循环；

②运用了共识机制来维护与更新状态；

③使用加密货币来激励共识参与者（矿工/验证者）、开发人员、服务提供商与其他网络参与者。

这些反馈机制被相关的 Token 激励机制进一步放大，正如我们在比特币、以太坊上所看到的那样，可以大幅度地提升加密社区的发展速度。

以太坊一类的加密网络，是可以用于任何目的通用编程平台。其他的一些加密网络，则拥有特殊的用途。比如，比特币主要是被用来储存价值的，Golem 主要用来执行计算，Filecoin 则用于去中心化文件存储。

为了保持自身中立的态度，防止平台中心化发展，加密网络运用了我们提及过的多种机制：

①加密网络与参与者之间的合约是以开源代码的方式强制执行的；

②他们通过"声音"和"退出"的机制被控制；参与者通过社区治理获得发言权。在对社区治理不满时，他们可以通过离开网络并抛售自己所持有的加密货币，或者直接放弃协议来退出。

而这一切都是在密码工程基础上实现的，它让网络参与者们团结起来。在加密货币前景不明确的情况下，它也愿意贡献自己的力量。

1.3 去中心化系统的力量来自于其无偿贡献者

对于区块链的未来，人们之所以会将之视为改变世界的工具，关键就在于其中立的态度。

不管是软件还是网络服务，都是由开发者创建的。在世界上，有多达数百万名拥有高超技能的开发人员，但他们中只有一小部分在大型科技公

| 第五章　去中心化经济范式，以最小成本获取最大价值 |

司工作，且只有更少部分在从事新产品的研发工作——你可以将之视为是技术天才们的清高。大多数高手并不愿意为网络巨头所驱使，相反，他们更愿意成立初创公司或创建独立开发者社区。事实上，就连谷歌、Facebook一类的软件项目，在最初也是以这种形式成长起来的。

在未来，如果去中心化的网络想要赢过中心化的大平台，关键就在于如何去赢得企业家与开发商的关注与资金。

一个最佳的对比案例发生在21世纪初：当时，维基百科远非巨头，还在与中心化竞争对手、微软旗下的电子百科全书Encarta竞争。

仅就"百科全书"这一主题而言，Encarta是一款更契合的产品。它的主题覆盖面更大、准确性也更高。可是，维基百科有它所没有的优势：它有一个积极的志愿贡献者社区。这些志愿者们被去中心化、社区管理的精神所吸引，并愿意无偿加入到维基百科的建设过程中去。

当这些志愿者来自于全球时，维基百科的发展速度明显超越了Encarta。在2009年，Encarta大部分的广告商与投资者都转向了维基百科，该网站不得不宣布关停。

这也是我们为什么要动态地看待去中心化系统与中心化系统：中心化系统虽然眼下已经完全成熟了，而且GAFA（谷歌、苹果、脸书和亚马逊）一类的中心化平台拥有许多优势，包括现金储备、庞大的用户基础和运营基础设施，但它们多半处于S型发展曲线的顶端，有且只有企业的员工对它们进行改进时，它们才会变得更好。

相比之下，去中心化系统在一开始可能并不成熟，但对于开发商和企业家来说，加密网络具有一种更有吸引力的价值主张。在适当的条件下，随着无偿贡献者的不断加入，未来它必然会生产出最引人注目的新产品。而这反过来又会使其得到更多高质量的开发者与企业家，进而在后续爆发出惊人的成长力。

121

2. 当大数据时代全面来临

之所以要谈大数据，是因为区块链产生于大数据时代。

2.1 什么是大数据

大数据(big data)又被称为"巨量资料"，这种资料是来源于整个社会的。

数字时代到来后，我们携带的GPS智能手机、使用的聊天应用程序、上网浏览的信息、购物过程中的支付动作……都会生成数据。与此同时，家庭智能设备、工厂智能机械化的实现与传感器、智能设备本身的增加、交互，都使数据呈现出了越来越高速的增长。

千千万万个个体、家庭、智能设备、工厂的数据汇集在一起，便成为了大数据。这种不需要通过抽样调查获得的海量数据有三大特点（图5-2）：

◆ 大量（Volume）

大数据的资料量单位可从T从TB(terabyte，一兆位元组)到PB(petabyte，千兆位元组)。

◆ 多样化（Variety）

企业的销售、库存资料，网站的使用者动态、客服中心的通话纪录，社交媒体上的文字影像、个人的生活轨迹等，都是大数据的内容。这些内容是企业资料库难以储存的"非结构化资料"。

◆ 速度（Velocity）

这些海量资料每分每秒都在更新，大数据技术本身也可以做到即时储存、即时处理。

图5-2 大数据的特点

在商业领域中，有"三分技术、七分数据，得数据者得天下"之说。有关这句话的正确性，英国牛津大学教授维克托·迈尔·舍恩伯格曾经举出明证：在大数据时代，只有使用大数据思维去发掘数据中的潜在价值，企业才能够获得更大的盈利空间。

比如，谷歌会利用人们的搜索记录挖掘数据二次利用价值，例如预测某地流感爆发的趋势，并向药物保健公司进行进行广告空位销售。

亚马逊会利用用户的购买和浏览历史数据，展开有针对性的书籍购买推荐，并以此来提升自身的销售量。

旅行网站 Farecast 做得更出色：他们通过利用过去10年所有的航线机票价格打折数据，为自己的用户提供未来七天时间内机票趋势的预测。

我们可以看到，大数据能够根据目前发生了什么事，来预测未来会发生什么事（图5-3）——这种预测未来的能力，使大数据成为了企业与投资者眼中最宝贵的所在。

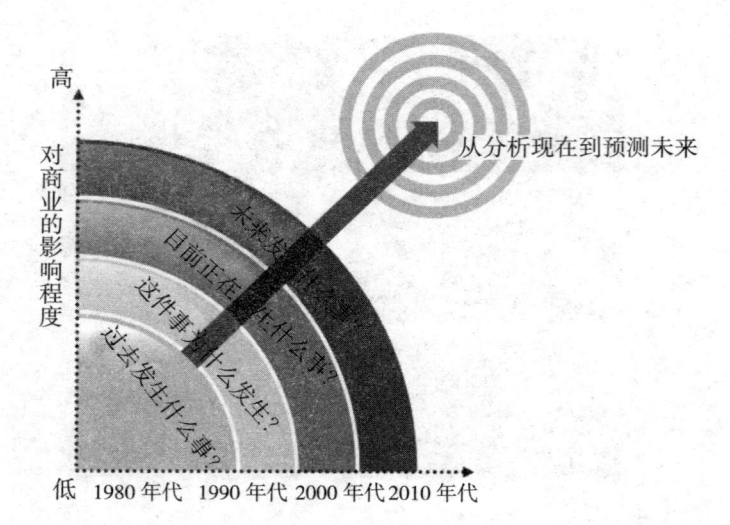

图5-3 大数据预告未来

2.2 大数据便是最有价值的企业资产

对于企业家与投资者来说，大数据就相当于资产。关于这个说法最好的证明就是在 Facebook 上市时，评估机构评定该平台的有效资产中的大部分都是其运营中获取的数据。

若将大数据比喻成一种产业，那么这种产业实现盈利的关键在于提高对数据的"加工能力"，通过"加工"实现数据的"增值"。

Target 超市便是利用大数据增值的典型商家：该超市以 20 几种孕妇有可能会购买的商品为基础，将所有用户的购买记录当成数据来源，通过构建模型，对购买者的行为相关性进行了分析，并以此来推断出某位孕妇具体的临盆时间。这样 Target 的销售部门就能够针对每一个怀孕顾客的不同阶段，寄送相应的产品优惠券。

Target 的例子证实了维克托·迈尔·舍恩伯格提过的一个大数据观点：想预测某物，你只需要找一个关联物并监控它，就能够预测未来。Target 通过对购买者购买商品的品类、频率进行监测，并以此来预测顾客的孕期，这便是对数据展开的二次利用。

有些分析数据是广告投放商最关注的，比如平台通过采集车主们的手机 GPS 数据，分析出当下哪些道路正在堵车，并在发布道路交通拥挤提醒的同时发布车主们感兴趣的广告；采集汽车的 GPS 具体数据，进而分析某车主所在区域停车是否较多——车辆较多，GPS 位置变化频率高，就意味着该区块的活跃人群较多。这些分析数据最适合卖给广告投放商。

大数据的核心价值远远超过了预测。基于大数据形成有利于企业发展的决策模式，早已为包括谷歌、亚马逊、IBM 等企业带来了丰厚的利润与良好的声誉。

2.3 大数据的现在与未来

国内数据分析师、原阿里巴巴副总裁车品觉曾经指出，大数据有 5 大价值：

◆ 识别与串联

可以辨识出用户的资讯，如手机、生日、电子邮件等；

◆ 描述

但凡是用户搜索的关键字、企业的营运数字、网站活动的相关数据，企业都可以用来做为营运的仪表板。

◆ 时间

从用户的行动时间轴推测他的行为。例如刚搜寻过旅馆的使用者，在拜访其他网站时，能即时看到旅馆广告。

◆ 预测

可以帮助公司预测销售，影响公司经营策略。

◆ 产出数据

将现有数据组合产生新的数据。就像是将淘宝网路卖家的各项表现（物流、商品、客服等），综合在一起形成店铺评分机制。

未来，那些大数据未能覆盖的业务领域，将会成为未被挖掘的金矿与油井，成为所谓的数据"蓝海"。

不过，在探及未来以前，我们可以先看看大数据已经帮助实现的场景：

① 帮助政府实现市场经济调控、灾难预警、公共卫生安全防范、舆情监管；

② 帮助城市在犯罪多发区实现预警，降低犯罪率，促进智慧交通，提升应急能力；

③ 帮助医疗机构建立患者的疾病风险跟踪机制，提升药品的临床使用效果，同时助力艾滋病研究机构为患者提供定制的药物；

④ 帮助企业发掘新盈利空间。

对于企业来说，拥有了海量数据，其实就相当于拥有了无可限量的盈利空间。在当下与未来，大数据都将帮助各类企业实现下述场景：

助力企业节省运营成本，降低物流与库存成本；

助力电信企业实现售后服务质量提升；

帮助保险企业识别欺诈骗保行为；

帮助快递公司监测分析运输车辆的故障险情以提前预警维修；

帮助电力公司有效识别预警即将发生故障的设备；

帮助电商公司向用户推荐商品和服务；

帮助旅游网站为旅游者提供心仪的旅游路线；

帮助二手市场的买卖双方找到最合适的交易目标；

帮助用户找到最合适的商品购买时期、商家和最优惠价格；

帮助企业提升营销的针对性与广告投放精准度；

帮助社交社交网站提供更准确的好友推荐；

帮助购物网站推荐用户可能喜欢的游戏与恰当的商品；

……

其实，未来大数据能做的还有很多，因为大数据而产生的产业变革将持续进展。在与区块链联合后，大数据将发挥出更惊人的力量。

2.4 区块链 VS 大数据

大数据与区块链虽然都与数据运用相关，但两者的指向与特点各有不同。

表5-1 区块链与大数据的差异

	区块链	大数据
结构化vs非结构化	区块链是"块"连接成"链"，是典型的结构化数据	大数据所面对的多是非结构化数据
独立vs整合	区块链系统为保证安全性，信息是相对独立的	大数据着重的是信息的整合分析
直接vs间接	区块链系统本身就是一个数据库	大数据是一种间接的数据，是对数据展开深度分析和挖掘
数学vs数据	区块链试图用数学说话，主张"代码即法律"	大数据试图用数据说话
匿名vs个性	区块链是匿名的（公开账本，匿名拥有者，相对于传统金融机构的公开账号，账本保密）	大数据更着重于个性化

从本质上来说，区块链是全历史性的数据库，每一笔上链过的数据都可以溯源。巨大的区块链数据集合中，包含的是每一笔交易的全部历史。随着区块链应用技术的不断发展，数据规模会日渐庞大。不同业务场景下区块链数据的融合，会进一步扩大数据的丰富性与规模。

以其可信任性、安全性与不可篡改性，区块链使更多的数据被解放了出来，推进了数据的海量增长。

另一方面，区块链本身的可追溯性，使数据从采集、交易、交流开始，到计算与分析的每一步，都能够记录在区块链上。这将使数据的质量获得前所未有的强信任背书，同时也保证了数据分析结果更正确、数据挖掘更有效：以往，从大数据中挖掘出有效数据可能需要10万个客户。有了区块链数据后，根据其可溯源性，投资者与企业都将更快速地找到最有消费力的消费人群。

同时，区块链还可以使数据使用进一步规范，使授权范围实现精细化。比如，个人产生的数据，将由个人决定是否交给某企业来使用。这种数据交易的形成将大大改善当下巨头垄断数据的局面，从而建立起数据横向流通机制，使"社会化大数据"局面形成，并对形成全球化数据交易场景有着极大的帮助。

两者结合，带来的是未来更有针对性的经济发展空间：区块链将提供更完整的账本，而大数据本身海量的数据存储、高效灵活的分析技术，又将弥补区块链的数据统计与分析能力——在未来，区块链数据将拥有更大的发展空间与使用价值。

3. 区块链加持下的大数据

中国信息管理专家涂子沛曾经说过，在未来，区块链能够让数据真正地实现安全与开放化发展。

3.1 促进数据安全流动

未来，区块链应用项目的不断落地将会使更多数据从巨头垄断中解放出来。

我们可以通过基因测序的案例来说明"区块链+大数据"的安全性：基因测序是近年来医学领域中的新科技，它可以从血液、唾液中分析测定基因全序列，从而实现对个体行为特征、行为合理性、罹患疾病可能性的预测。

区块链技术引入基因测序的大数据库后，该项目的区块链可以用私钥限制访问权限，实现仅有相关科研人员可以获取个体基因数据的目的。

分布式计算资源使基因数据在上链以后便已经被打上了时间戳、哈希值，而这些都将帮助项目研究小组以更低的成本实现更有效的测序。

更重要的是，区块链本身的安全性使基因测序未来会成为工业化、流程化的解决方案。这不仅将扩大全球范围内的基因测序规模，同时也会推动基因数据的海量增长。

3.2 进一步保障数据私密性

虽然我们一直在诟病大企业的数据垄断问题，但事实上，政府才是最大的数据拥有者。政府掌握了大量高价值、高密度的数据，比如，人口数据、医疗数据等。在未来，这些数据必然会开放，而且也将成为推动经济社会发展最大的力量。

其实，政府保有数据却不公开的很大一部分原因在于，如此大量的个人重要数据一旦被公开，势必会被不法分子盯上。因此，眼下最大的挑战是如何在保障个人隐私的前提下，实现数据开放。

此时，区块链的数据脱敏技术（图5-4）便派上了用场：该技术通过哈希处理等加密算法，保证了数据的私密性。比如，早在2015年时，麻省理工学院媒体实验室便已经开始推进研发一项名为英格码（Enigma）的新加密系统，而它正是建立在区块链技术之上。

图5-4 数据哈希脱敏处理示意图

英格码系统可以让非信任与匿名的参与者同第三方安全地分享敏感信息。比如，个人能够在匿名环境下向制药公司出售他们的部分医疗数据；公司员工可以在匿名的情况下开放自己的工资信息访问路径，并通过同样的方式获得其他员工的工资信息，将这些工资数相加后，计算出公司内的平均工资，进而推算出自己在公司中的相对地位——不过你并不知道你访问的到底是谁的工资。

3.3 确保以更安全的方式分析数据

采集数据的最终目的是利用数据实现数据分析。在进行数据分析时，怎样有效地保护个人隐私、防止核心数据泄漏，是当下商业界与公众一直在考虑的核心问题。比如，行业间的信息共享要如何在保证商业数据机密的情况下，与同行共同交流探讨行业发展未来？

区块链技术的加密方式给出了答案：多签名私钥、加密技术等，都可以用来确保数据的安全。一旦数据被脱敏处理、放到了区块链上，通过数据签名技术，只有那些获得了授权的人们才有机会对数据进行访问。

通过密钥技术，私钥分配给内部人员，公钥分配给讨论者，供大家研究行业未来使用。这样一来便实现了"保密"与"共享"共存。

另一个可被运用的场景则是医疗数据：个人健康数据泄露问题在近年来层出不穷，我们一方面希望自己的数据可以供医学研究使用，以促进人类医疗技术的发展；另一方面，我们也越来越担心，在供专家们研讨病例的同时，自己的隐私会被人恶意透视。

一旦医疗大数据中运用了区块链，医疗数据将会更安全：医疗工作者、科研人员可以在不访问原始数据的情况下展开数据分析。既可以对数据私密性进行保护，又能够安全地提供给全球医疗、科研机构共享。而这些被上链处理后的数据将成为全人类基础健康数据库中的一部分。它们在未来解决突发疾病、疑难疾病时，都将发挥积极作用。

3.4 保障数据流通相关权益

有些个人或机构的数据也非常有价值，比如，曲目、剧本等内容。在当下，这部分数据资产所产生的利益大多被巨头所侵占。这些数据资产若在区块链注册、交易，那么它们就是全网认可、透明的个人资产。在明确了数据资产的来源、所有权、使用权与流通路径后，将大大促进数据资产交易的公平性、开放性。

一方面，区块链可以破除有可能发生的中介拷贝导致的数据外泄，这对于建立起更可信的数据资产交易环境将大有帮助。

数据是一种极其特殊的商品，它与普通商品最大的区别就在于，看过、复制即被拥有。这种特性也决定了传统的商品交易方式不适用于数据共享、交换与交易。

这就好比你是一名民谣创作歌手：你将曲目在网络上传给了某大型音乐公司的音乐总监，对方说是试听，但最终却将之改编后发曲——中介中心完全有条件、有能力复制与保存所有经手过的数据，这对于数据生产者来说无疑是极其不公平的。

仅靠口头的承诺是无法消除此类潜在威胁的，而它们也成为了阻碍数据流通的巨大障碍。不过，在区块链技术的帮助下，中介中心恶意拷贝数据、盗用数据的威胁将大大降低。

另一方面，就如我们之前所说的，区块链本身所具备的可追溯功能也使历史交易记录能够被溯源，从而使数据的来龙去脉非常清晰、透明。

未来，区块链与大数据的结合应该会越来越紧密。比如，亚马逊曾经提出这样的设想："最成功的书籍推荐应该只有一本，就是用户即将买下的这本书。"

谷歌也希望实现这样的体验：在用户使用搜索时，网站本身不需要用户提醒就能让搜索结果中只包含用户所需要的内容。

而这恰恰与区块链数据上链后的特点不谋而合：在时间与数据量级限制下，在大数据系统内引入区块链技术，一定时间内的数据将不会被随意修改、删除与添加。于是，未来以时间、数据量为坐标轴，大数据引擎将会通过区块链技术，实现更有效的数据处理。

比如，对于已经存档的历史数据，由于上链后不能再被修改，我们可以对这些大数据进行哈希处理，并加上时间戳，存在区块链上。在未来某一时间内，当我们需要验证原始数据的真实性时，我们可以对对应的数据进行同样的哈希处理。若得出的数据相同，便证明数据是真实、有效的。

如此一来，对比未经处理过的原始大数据，区块链中的数据明显更有价值。也正是因为这样，两者结合的未来，被称为"数字经济时代"——当一切都有了区块链做保障，大数据自然会比当下更活跃，围绕着数据展开的大数据经济也将重创新高度。

4. 再建价值高达数百亿的共享经济

说起共享经济，你是会想到滴滴、共享充电宝，还是会想起 Airbnb、共享单车？不管所在领域发展如何，如今，共享经济早已成长为了高达数百亿美元级别的大生意。但有"共享"之名，是否有"共享"之实？

4.1 共享企业实则为聚合企业

共享经济的本质，是在陌生人与陌生人之间实现直接、高效、无缝的信息与资源分享，从而使参与双方都能赢得相应的价值。

想要达成此目的，有一个先决条件：信任对方且知根知底。但既然是陌生人，互信要从哪里来？由此，便出现了滴滴、Airbnb 一类提供信任感和保证承诺兑现的平台。这些公司通过搭建、维护相应的技术平台，使零散的资源与需求实现了聚合、重组与再分配，在核实了供应方与需求方的真实身份、背景资料后，再提供交易信息、支付工具与相应的点评记录，最终促成双方的交易。

但这些我们所共知的、已成功的服务，虽然被称为共享经济，其实更像是"使用权经济"。事实上，这些企业之所以能够获得成功，关键在于他们进行了资源与需求之间的聚合。准确来说，它们的模式更像是一种聚合经济。

爱比迎成为硅谷的宠儿，是因为它聚合了租客与空房之间的需求。而像国内的滴滴、共享单车，则是因为他们通过中心化的专属平台，聚合了设备与零工，然后又将它们以"使用权"的方式暂时租借出去。在这一过程中，它们为下一步的商业开发收集数据，这些大数据成为了它们迈入下一个发展阶段的关键。而这种发展得益于互联网与大数据技术开发技能的不断完善：无处不在的智能手机、全功能的GPS、成熟的支付系统。

在经济学家们的设想中，真正的共享经济是不需要任何中介方的。但现在，"共享经济"依然需要某个公司作为中介方，用户只有通过该公司提供的平台，才能实现与使用权的连接。像摩拜一类的共享单车，其实本质上都是"租赁经济"：公司自己投放设备，用户出钱租借——在此过程中，传统的中介实现了升级与互联网化，成为了一个更大、更强的中心。

那共享经济是不是永远都不可能实现？并不是，共享经济的未来版本，必须要打通个体层面上的互信渠道，而区块链就是打开渠道的钥匙。区块链的到来，让共享经济第一次拥有了实现的可能。

4.2　区块链的权益流通将促进共享

区块链的去中心化对于共享经济有着颠覆性的意义。

在实现共享经济的过程中，区块链的权益流通性和去中心化信任可以发挥巨大作用。比如"车位共享"这件事，完全可以由车位的产权拥有人与车位使用人直接进行某一时间段的交易，将拥有者的停车卡权益在某一时间段内转让给他人，而停车场管理系统只需要识别停车卡是否具备停车权限即可，并不需要具体地介入交易之中。

未来，区块链介入共享经济的另一个典型可能发生在销售积分的共享中。如今，各大商场、商家都会推出自己的积分卡。但因为大家的积分系统都是封闭式的，因此，积分兑换的范围非常有限。而且由于某些商家的积分较低，可能价值非常有限，消费者兑换的意愿也并不高。

通过区块链技术，消费者可以将手中的积分相互交易，这样的模式将会有一举两得的效果：消费者使用积分兑换到了自己喜欢的商品，商家则进行了新客源的拓展。

4.3 未来的"区块链+共享"平台什么样

像滴滴、爱彼迎一类的企业都是趋向将分散的资源聚合，并利用数据技术实现自动化，而区块链技术则是力求弱中心化的。

就像滴滴，在发展之初在国内受到了出租车司机们的抵制，就是因为它在未来会大大减少出租车司机的业务量，并将分散、暂时自用不到的自有车辆转化成运输系统中的一部分。相对于这种使出租车司机失业的模式，区块链技术更倾向于让滴滴这种中介形式消失，使出租车司机直接与顾客交易。

这一点在亚历克斯·塔普斯科特的描述中显得更有说服力。他设想了两款区块链项目：用BAirbnd来替代爱彼迎，用SUber来代替Uber。

在BAirbnd的运营下，中心化商家是不存在的。当有租客想要租借一个房间时，BAirbnd软件会在区块链上搜集、筛选出与租客要求相符合的房源。租客与房主之间并不需要相互评分，因为区块连所有的交易记录都会被分布式存储，所有人都可以看到他人给你的所有好评与差评，它们共同组成了你在区块链不可更改的区块链身份。很显然，这些评价也将继续影响甚至是决定你在区块链上的人生。

在SUber中，网约车将摆脱平台公司。这不仅意味着网约车不需要再付高额的提成给他们，而且，用户与车辆可以通过加密方式进行点对点的联系。基于区块链记录的不可篡改性，所有参与者都会获得与其行为相应的声誉。这种可信的交易方式，不管是对车主还是对乘客，都是有相当吸引力的。

虽然眼下受限于区块链技术还未成熟，目前此类项目还处于理论设想阶段，但毫无疑问，区块链将真正实现共享经济，并将眼下的"共享企业"完全颠覆。

5. 当阿尔法狗用区块链变得更强大

2017年，谷歌旗下人工智能公司Deepmind推出了一个名为"阿尔法狗·零"（AlphaGo Zero）新版围棋AI。虽然这世界上每天都有新科技诞生，但阿尔法狗能扬名世界的关键在于，它在围棋方面的能力超过了所有人类。人工智能是如何成长的？它与大数据、区块链有什么关系？三者结合，又将使经济领域内发生怎样的变化？

5.1 人工智能靠大数据喂养成熟

现阶段，科研人员将人工智能分为图5-5中的三个分支。

基于规则的人工智能；

无规则，计算机读取大量数据后，根据一定方法进行智能处理的人工智能；

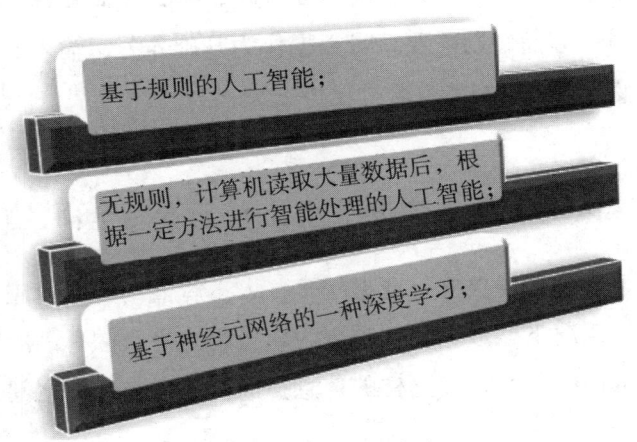

基于神经元网络的一种深度学习；

图5-5 人工智能的三大分支

基于规则的人工智能，可以在计算机内根据规定的语法结构录入规则，利用这些规则进行智能处理。这一分支缺乏灵活性，且使用成本较高，不实用，未受到业界的广泛关注，因此，我们平日里所听到的如阿法狗一类的"人工智能"其实是后两者。

而后两者的基础都在于：通过计算机读取大量数据后，提升人工智能本身的能力以及运算的精准度。

现如今，技术的发展早已对大数据实现了智能化管理：大量数据产生后，会以低成本储存、高速CPU处理后利用。由此人工智能才能作出接近人类的处理或判断。对于各大企业来说，人工智能被视为是一种高附加值服务，成为了获取更多用户的重要因素。而不断增加的用户又会产生更多数据，使人工智能进一步优化。

将大数据与人工智能结合得非常好的企业有谷歌与苹果。谷歌的搜索引擎会随着用户的使用而不断地进化。使用的用户越多，搜索引擎也会越优化，优化后，用户自然也会更多。除了搜索引擎，谷歌还通过Gmail、Google Docs等下属产品来获取数据，以使谷歌的"大脑"变得更聪明。而苹果的语音识别技术Siri，也是基于人工智能理论构成的：用户使用得越多，Siri作出与个人相同判断的概率就越高。

由此来看，现代人工智能的不断进化，一方面需要科研人员的不断深入研究，另一方面，则需要海量数据作为基础养分：输入的数据量每有一个层级的变化，人工智能就会进化得更快。

5.2 区块链下，数据共享让人工智能全面飞跃

人工智能热衷于数据，数据越多，人工智能的模型就越好。然而，在巨头垄断的情况下，数据往往呈现为以公司为平台的孤岛状态，甚至在公司不同的部门间，都存在这样的信息孤岛。孤岛与孤岛之间是难以逾越的利益鸿沟。

但是，如果有足够的利润空间，那么，企业与企业之间势必会愿意通过区块链共享数据，而区块链的去中心化本质，又鼓励数据共享，这便形成了极佳的生态系统。

企业内部使用区块链技术合并数据后，可以大大降低企业审核自身数据的成本。这不仅方便未来企业找到那些不利于盈利的关键数据，同时也有益于新的利润增长点的发掘。

更重要的是，随着新数据的加入，企业完全可以建立起人工智能模型，而人工智能模型将帮助企业实现更好盈利。比如，就"客户流失"这一问题，虽然各个地区的情况不同，但总有一个或几个核心原因是客户流向竞争者的关键。相比于只建立在某一地区域办公室水平的模型，加入了公司大数据以后的新模型将更好地预测出客户是如何流失，为何流失的。

在生态系统内，这种通过区块链集合起来的大数据将更进一步促进人工智能的发展。过去，银行与银行、唱片公司与唱片公司等竞争对手之间永远不会分享他们的数据。但现在，它们可以通过区块链技术的脱敏技术，实现更坦率的数据展示。而针对早已存在的金融欺诈类事件，结合几个银行的数据，未来将会有更好的模型来预测这一问题。

在某些情况下，当独立于某一平台的数据成为了大数据中的一部分，你将不仅能得到一个更庞大的数据库，而且还将得到一个全新的人工智能模型：从中，你能够收集到异于以往的见解，发现新的业务应用空间。也就是说，你将做一些之前可能做不到的事情。

我们可以用"古董"这个容易发生欺诈事件的领域来说明：A银行提供古董保险业务，所以想要开发一个识别古董是否为赝品的分类保险。

假设在全球范围内，只有四个值得信任的古董认证机构。如果A之前只与一家机构合作，就意味着它只能访问这家机构的数据而看不到其他机构的调查成果。如此一来，A银行便极有可能发生这样的事：将其他三家的机构已认定为赝品的古董，纳入保险范围。

相反，如果利用区块链技术促进四个认证机构共享彼此的数据，A银行便拥有了所有相关数据。任何输入的古董，都可以与系统中已存在的数据进行对比，并检测出真实的古董欺诈行为。

A可以简单地设计一个小程序。比如，基于古董的特点、年份、预测价格，然后用"已有古董与赝品的差别"作为区别条件，进行数据筛选。这将大大方便古董鉴定人员的鉴定能力，从而减少赝品被保的情况。

这样一来，A银行的古董保险业务不仅会有更低的欺诈率，误报率也会降低，进而使银行、认证机构与保险人三方受益。

虽然眼下人工智能与区块链都是"新生婴儿"，但大数据已经处于成熟增长阶段，想必在不久的将来，区块链会成为数据、人工智能更密切合作的最佳机制。而这三大领域中，不管是哪一个领域发生巨大的变革，对未来都会产生震撼性的作用——由此，我们可以推断，三者成熟结合后，将会以现代人不可思议的模式推动社会经济的发展。

6. 在物物相联的时代里

尽管有部分人抱着投机心理，但区块链技术正在与实体业务加速融合。比如国际知名的IBM和国内的腾讯早已布局区块链+物联网。如今区块链+物联网正在向我们打开一个新世界。

6.1 物联网是什么？

物联网其实是新一代信息技术的重要组成部分，从其英文全称"The Internet of things"就可以看出，物联网即"物物相连的互联网"。而这一名称直接透露出了两层意思：

① 互联网是物联网的核心与基础，物联网是在互联网上发展而来的；

②其目的是实现"物物相联",即在任意物品与物品间实现信息通信与交换。

我们举几个简单的例子来说明物联网的作用：在物联网时代,医生能够远程监控与减缓病人的病情,工厂能够自动化处理生产线上的问题,酒店也可以根据顾客的喜好调节室内的照明、温度等。

虽然物联网诞生的时间并不久,不过,得益于信息技术、传感技术与智能设备的发展,该领域如今已呈现出蓬勃新生的状态。例如,2019年11月8日,在浙江义乌"应用无界"第二届世界区块链大会期间,象链科技发布了"区块链+AI+IoT"一体化解决方案。主要是通过完整的解决方案,将设备的数据和EleChain区块链平台中的智能合约相集成,建立起端到端,安全、自动化的物联网平台。

这些设备完全联网后,会给我们的生活带来质的飞跃,但同时也会对现有的互联网体系带来巨大冲击与挑战。这些挑战可以概括为以下几个方面：

◆ 海量数据存储成本高

物联网所产生的数据囊括了社会生活中的各个方面,全面涉及了企业、政府、个人。按当下的储存方式,海量数据会被统一储存,而面对高达几百亿台物联设备源源不断产生的数据,物网联的维护、管理费用都将是巨额状态。同时,智能设备间的通信信息也会成倍增加,而产生的成本也是数倍于以往的。

◆ 多主体协调性不佳

物联网上涉及到了多个领域、多个主体,不同的运营商、自组织网络加入其中后,将造成多主体、多中心同时存在的问题。若彼此之间的互信问题处理不好,那么,整个物联网系统就很难协调工作。

物联网的几何扩张,使这些问题暴露得更加明显。这些问题如果得不到妥善的解决,那么,所谓的"物物相联"所带来的好处也将折半。

6.2 区块链下，物联网三大顽疾将被解决

其实物联网与区块链诞生的时间非常接近，但遗憾的是，在2016年才有像IBM、阿里巴巴一类的大企业开始探索将两者整合在一起。在我们的设想中，区块链将解决物联网因几何扩张而引发的三大问题。

◆ 运营成本降低

通过点对点直接互联的方式，区块链技术实现了为物联网更有效地传输数据。相比于通过中央处理器进行数据传输，这样的方式明显更高效，分布式计算也将能够处理数以亿计的交易。

另一方面，这个世界上还有分布在不同位置的、数以亿计的闲置设备。而这些设备上链成为节点后，它们的带宽、计算力与存储容量都将成为区块链的节点。未来，它们也可以用来处理物联网的交易，从而大幅度降低计算与存储成本。

◆ 实现更安全的数据运用

安全性是物联网从新生变强大的关键因素。现阶段，设备与设备之间缺乏互信机制，所有的设备都需要与物联网中心的数据进行核对。一旦数据库崩溃，整个物联网都会受到极大的破坏。

此时，区块链网式结构分布则成为了一种天然的保护机制，它使设备间无需通过中心验证便能形成共识。这样，哪怕有一个或者多个节点被攻破，整个体系的数据依然是安全的。

◆ 网络运行机制将变得更高效、更智能

区块链多中心化的特点，决定了物联网与之结合后，其数据必然会传输、下降到区块链中，而这将大大降低整个物联网应用的复杂程度。

基于区块链的多中心和共识机制特性，物联网上跨系统的大数据传输将"下沉"到区块链层，这会大大降低应用系统的复杂性。而且，所有我们提及过的区块链+大数据的好处，在物联网与区块链结合后都将实现——这也意味着，除了高效以外，物联网也会变得更智能。

6.3 "区块链+物联网"的无限可能性

技术上的匹配仅仅是一方面，更重要的是，区块链技术的介入，使物联网衍生出了更多的商业可能。具体来说，可以分为两个大方向。

▶ 更有价值的数据应用

未来，物联网上的分布式智能设备极有可能会成为大数据的具体来源点。由于这些数据来源点只能被观测，不会主动输出，因此，眼下我们只能统计与验证从这些数据中观测到的特征，并综合起来加以商用。

不可篡改的区块链的引入，将使物联网上的数据变得更准确、有效，而这些可信数据将成为最有价值的内容，为各行各业的算法与商业模式进化提供原动力。

在 2018 年"乌镇·世界区块链大会"上，快的创始人陈伟星、杨俊等人宣布，要打造一个完整的区块链共享平台，取名"VV Share"。

其中，V 是代表劳动者的 victory，代表财富共享每一个劳动者，VV 表示必胜、共赢，Share 表示共享。

该平台会从陈伟星最熟悉的打车领域 VV GO 进入，逐步推广民宿、外卖、航旅等，同时开放端口，发动社区完善钱包、交易所、行情、数据分析等配套技术设施、币改相关产业内容，以逐步完善生态，把利益让渡给平台用户。

▶ 更智能的现代生活

物物相联的目的，其实根本在于实现更便捷的个人生活。这也是现代商业获取盈利的根本之道：最终能够转化成有利于个体生活品质提升、整体生产效率提升的技术，才最有落地可能性。区块链下的物联网也正在接受这样的考验。

IBM 在这方面走得比较远：该公司在 2015 年时便已经与三星公司一起，为下一代的物联网系统建立一个概念证明型系统。这一系统基于 IBM 的 ADEPT 项目，这是一个自治分散对等网络遥测系统平台。使用该平台，两家公司都有望在生产系统中实现自动检测问题、自动更新操作系统。同时，这些在区块链上实现了相联的设备，也可以通过与附近的其他设备通信来判断自己是否需要开始下一动作。

作为韩国第一个基于区块链的娱乐产业平台 ENT，其本身是一个大的生态系统，集区块链产业交易平台、智能合约平台于一体，能够解决包括全球票房娱乐活动的跨境支付问题。它实质上是兼内容分发平台和流媒体平台、游戏分发平台和游戏里虚拟物品交易平台等。ENT 平台参与者一般包括：偶像明星、经纪公司、广告商、平台、粉丝观众、投资者等泛娱行业参与人群。ENT Cash 是 ENT 平台代币，在手续费、交易、支付、抵押物等环节中流通，也可与 ENT 生态外的其他资产进行贸易和交换。

第六章
区块链+现实，中心体系平台被颠覆

用微信聊天，在淘宝购物，用饿了么订外卖，找百度提问……在互联网时代里，我们所有的生存需求几乎都可以通过网络解决、改良、取代和创造，大势浩浩荡荡，若传统行业无法跟随时代发展的步伐，那么，现阶段的被冷落就会变成被淘汰。其实，从现阶段已成功的案例来看，在区块链成为大势的未来，传统行业只要从其应用途径上拓展与创新一下，便可以在很大程度促进与解决自身所遇到的问题。

1. 区块链+金融：互联网与金融科技的冲击

自从区块链技术在国内大火后，诸多行业都在研究区块链未来进入本领域后将引发怎样的变革。毋庸置疑的是，金融业因其与区块链技术本身就存在着较多的契合点，因此，两者的结合与改造也将更直接与彻底。

1.1 为何区块链会先颠覆金融领域？

金融领域之所以更适合区块链技术的落地，原因在于两点：痛点更明显，难度更低。

▶痛点更明显

金融行业长期存在着信任问题。由于信息严重不对称，欺诈风险大量存在于各类金融业务中，反欺诈的需求远比其他行业更强烈。

金融机构处理的文件与信息往往与获取大量资金相关，一旦贷款申请资料或者票据等资产归属性质的文件出现了造假，金融机构便会损失严重。也正因为如此，金融行业中存在着大量信息验证需求。该行业中负责风险控制与审核的员工也是所有领域中最多的。

换而言之，这一行业为了解决信任问题，花费了大量的成本，同时也最愿意为了解决这一问题而付费。

而区块链就像《经济学人》所说的那样，它是一种"信息机器"：如果金融区块链化，将大大降低掌握金融资产流动的难度，从而使金融领域内长期存在的信任问题得到有效的解决。

▶难度更低

这是指金融资产本身的虚拟性使它们更容易实现链上管理。

数字货币之所以是迄今为止区块链的最佳应用场景，就在于货币资产的虚拟性，使其从发行到流行，到存储，都能实现完全数字化。

简单来说，只要在网络中的人达成了共识：每过10分钟产生25个币，且谁先算出题目，谁就能先得到这25个币，那么，该资产就产生了。通过分布式的记账技术，所产生的数字货币一旦经过了全节点的确认，这一信息就是真实有效的。

不过，这一过程只针对数字资产有效。因此，越是虚拟化程度高的资产，越容易上链：金融资产主要包括了证券、票据、凭证、资金等。虽然这些在现实世界里都有实物支撑，但通过发行机构的确认，将信息映射到区块链后，便可以实现区块链上的资产审核与统计。

▶ 成本优势更明显

目前，金融行业为了防止单点故障与系统性风险，往往会通过层层审计来控制金融风险，由此也造成了高昂的内部成本。近几年，全球范围内的政府都在不断强化对金融机构的管控，监管广度与深度逐渐扩大，导致了整个金融系统的监管成本急剧增长。

在这种情况下，区块链技术可以通过高透明、防篡改的方式，使整个金融系统的成本极大地降低。

此外，因为历史原因，传统金融机构在结算与清算时都依靠于中央结算所完成，这导致整个体系的效率都非常低下。比如，传统跨国结算需要通过类似于SWIFT（Society for Worldwide Interbank Financial Telecommunications，环球银行金融电信协会，是国际银行间非盈利的国际合作组织）这样的机构，因此，跨国电汇多是按天计算的。

与此形成鲜明对比的是比特币社区：依托于区块链技术，在完全没有中心化运营机构的帮助下完美地运作到现在，不仅实现了实时结算与清算，而且从未出现过任何账目错误。

因此，若所有金融系统都可以引入区块链，实现去中心化的实时结算与清算,将大大提升全球金融效率。由此,我们甚至可以期望,全球金融格局都将因此而发生翻天覆地的改变。

1.2 颠覆,需要实现两大前提

虽然,区块链技术的倡导者们总是喊"区块链将引发全面的金融革命",但眼下,想要打破该领域真正的固有顽疾,金融领域就必须要先实现下述两大前提。

▶ 降低自身的准入门槛

在全球范围内,金融业一直存在着图6-1中所展示的两大高门槛。

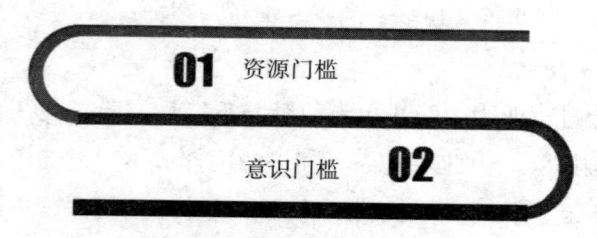

图6-1 金融业的进入门槛

在人力资源领域中,有个流行的说法叫"穷学IT,富学金融"。这种对家庭资源的要求,是由金融圈本身的高资产性决定的:金融圈中,高学历、高收入人群极其普遍,资源门槛极大地限制了普通出身的人加入到该领域中。

李开复曾经谈及过这样一件事:他在美国时认识了一位理财顾问。在普通人看来,这是一位极其成功的男性,他通过自己的努力成为了华尔街中的一位中层管理者。但在与李开复对话时,他却表示,自己永远也竞争不过那些家境优越的同事们:"当我在为请客户去哪里休闲发愁时,我的同事们早就请他们到自己家的高尔夫球场谈生意了。"

除了资源门槛以外,家境普通的学子就算毕业以后进入了金融圈中,也有相当一部分人无法承受利益驱使,被绊倒在"意识门槛"边上:一个从来没有在现实生活中接触过百万甚至是千万级别资产的普通人，很难在利益攸关的情况下保持足够的理智。

此时，区块链的出现则会在改变结算效率、解决陌生人交易信任等问题的同时，促进制度变迁（图6-2）：未来，人与人的金融，将会逐渐向着人机协作金融发展，并最终以机器间金融协作为主。

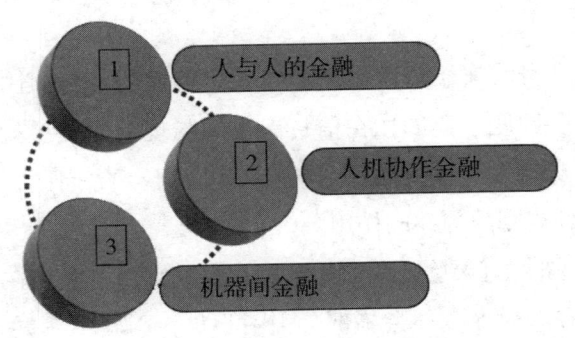

图6-2 技术对金融的影响过程

正如互联网金融促进传统金融进化一样，网上银行的出现，不仅提升了交易效率，又变得更容易扩展客户规模。当客户规模开始变大以后，金融机构又要重新思考：哪些团队成员能够促进机构整体进步？比如，互联网保险团队中可能就会出现图6-3中所展示的人才选拔方面的变革。

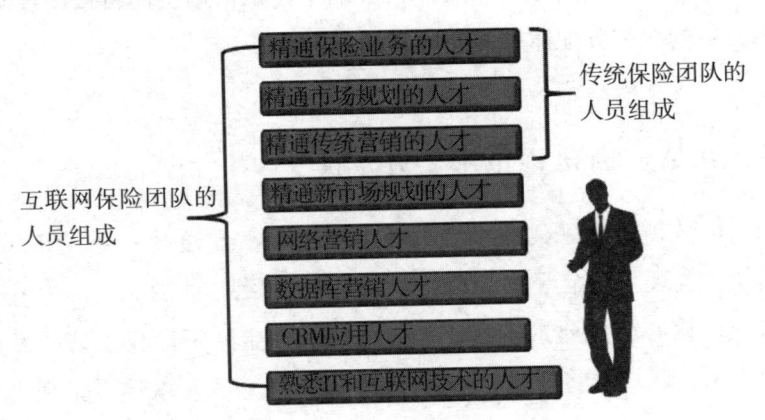

图6-3 互联网保险团队的发展

按着这一走向，若区块链能够持续推动金融领域的进化，便能重塑金融业中"人"的资源门槛：想象一下——当寒门学子有更多机会转入金融，且在区块链技术的监督下克制了利益诱惑，未来金融领域的发展是否会获得质的飞跃。

◆ 权利分配的改革

每一项新技术的诞生，都会在旧有的法律、社会与金融机构中展开权力的重新分配。

其实金融本身就属于资源配置型行业，但因为种种原因，导致金融业内部存在着诸多问题。比如，在信贷岗位倒腾现金的交易就如同喝茶一样常见，而房价与收入不呈正比、金融杠杆居高不下等问题，则更是凸显了权利主体与市场规则间的共同作用。

在这些根本性的问题上，区块链技术能做的并不多。在接下来很长时间里，区块链在金融业依然会是部分去中心化，而其革命也只会针对中介、主体信用展开。

比如，之前理财师若想让投资者放心将钱交入本机构，可能会需要"酒桌上谈生意"，同时引入评级机构、律师、会计、信托机构等第三方角色来给自己的资产做担保。如今，通过集体维护，区块链下的金融行业将建立起跨机构的国内信用证明平台。传统的中介或信用主体将被慢慢淘汰，如此一来，新的权利分配体系便会形成。

1.3 立足三创新，带来一升一降

如今，区块链+金融的改革已然拉开了序幕，并通过一升一降，展开了三大创新，实现了对金融体系要素（图6-4）的潜在改变。

从这几个核心构成要素来看，基于区块链在金融资产权益证明发放与流通中的应用，区块链将通过"一升一降三创新"，为金融体系带来潜在积极的影响。

◆ 第一个创新

图6-4 金融体系的构成

以比特币为代表的加密数字代币基于区块链创新地实现了资产权益的远程点对点流通，逐步激发人们对于区块链在货币发行流通中应用的探讨。

◆ 第二个创新

金融工具，也可以称为金融资产，是作为储蓄者与借款者进行资金转移的重要手段。区块链可创新地实现金融资产权益的高效点对点登记流通，这是第二个"创新"。

◆ 第三个创新

区块链对金融市场与金融中介带来一升一降的影响，继而可能推动金融制度与调控机制的创新调整与完善，从而在这一大机遇的背景下维持货币稳定与金融稳定，即第三个"创新"。

立足于这三大创新，未来，区块链将会出现一升一降的现象：

基于区块链对加密数字代币以及金融资产权益实现电子化、点对点流通的创新应用，能增强金融过程中的投资者与借款者之间的点对点关联，继而金融市场的运作效率会整体提升，使得直接金融市场的规模增大，即"一升"。

在这个过程中可能带来金融中介职能的下降、聚焦和转变，今后金融中介职能主要会针对实现投资者与借款者的交易撮合、信息采集分析等最重要的功能，即"一降"。

1.4　2018年开始，区块链+金融场景大爆发

2015年以来，各个金融机构竞相布局金融新科技。数家机构已取得了实际应用成果，从而突破了此前金融交易中信用校验复杂、成本高、流程长、数据传输误差等诸多问题。这使区块链与金融业的结合正在从"概念式验证"阶段走向"出应用、出成果"阶段。

如图6-5所示，眼下已有多个金融场景尝试引入区块链。

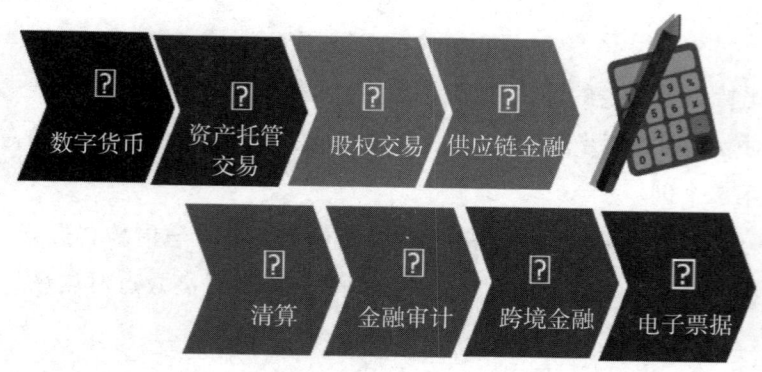

图6-5　已尝试引入区块链的金融场景

◆ 招商银行：实现内部机构间的直接清算

早在2016年，招商银行便已建立起了一个区块链应用系统。这一跨境清算系统是为了促进招商银行自身的跨境清算问题而设计的。过去，该行使用的是直联清算系统。该系统并不支持海外分行之间的直接清算，只支持总行与分行之间的交换。此外，较多的人工环节也导致了图6-6中的诸多问题。

为了使这套系统得到有效改造，招商银行在该系统中引入了区块链。他们将海外机构加总行都连接到了区块链上——这也是业内首个基于区块链的同业清算开放式平台。2017年12月，依托于该平台，招商银行完成了全球首笔区块链跨境人民币清算业务。

在该平台的帮助下，任何两个机构间都可以发起清算请求、进行清算。这套区块链跨境清算系统的优势主要有四点：

01 不支持海外分行间直接清算

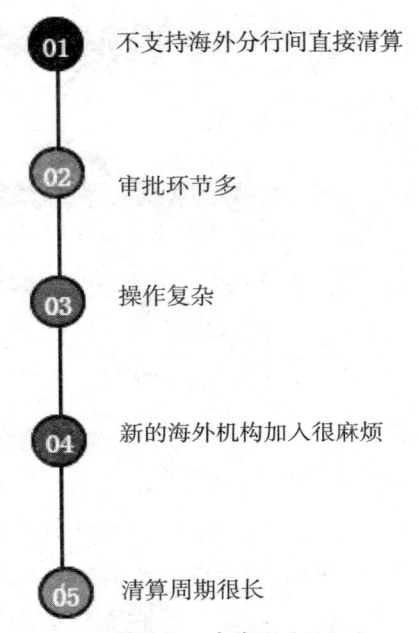

02 审批环节多

03 操作复杂

04 新的海外机构加入很麻烦

05 清算周期很长

图6-6　招商银行旧清算系统的缺点

① 去中心化采用的是P2P架构，而非原有的星型结构。这使转发环节大大减少，提升了效率，从而使任意两个机构间的互联互通速度大大提升：原来旧系统报文传递需要6分钟，而现在几秒间便可完成。

② 高安全性。招商银行所建设的是私有链。在私有链封闭式的网络环境下，报文伪造、篡改的概率几近为零。也正是因为有了极高的安全性，机构间不再需要繁琐的文件对照，从而简化了内部程序。

③ 高可用性。因为分布式架构中并不存在核心节点，每一个节点都是平等的关系，因此，单个节点失效，也并不会导致整个系统崩溃，而节点的故障也不会影响系统的运作。

④ 高扩展性。在有新机构加入清算体系时，按着原有的布局，新参与者可以快速、便捷地部署与加入该系统。

也正是得益于这一平台的成功，世人能够看到区块链技术在图6-7中所展示的三大金融场景内的真实运用。

全球现金管理领域的跨境直联清算　　全球账户统一视图　　跨境资金归集

图6-7　招行区块链平台已实现的场景

随着区块链技术的进一步发展，招商银行在区块链生态方面，已经完善并发展标准分链、BaaS（区块链即服务）平台生态，应用数量累计达20个。在跨境创新支付、资产证券化、供应链金融、区块链电子发票等领域，累计完成应用项目20个。

◆ 京东金融：ABS云平台降低融资成本

在诸如资产交易、数据清算等金融行业的机构应用场景中，区块链的产品、服务、风控能力与技术能力至关重要，而这些也是传统银行机构的强项。相比之下，如阿里、京东一类互联网金融巨头则因为有着庞大的客户端用户，在个人应用场景中占据了推广区块链技术的优势。

在2016年9月，京东金融正式推出了名为"ABS云平台"的基础设施服务，其基本业务范畴为图6-8所示。

包括资产云工厂的资本中介业务

夹层基金投资业务

资产证券化服务商

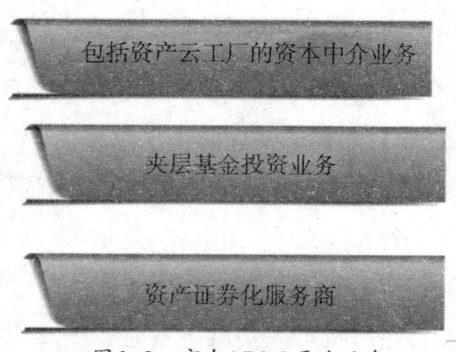

图6-8　京东ABS云平台业务

其中，资产云工厂所提供的资本中介业务的核心是透过创造金融产品和充当交易对手，为客户提供更好的资金流动与风险服务管理，从而降低消费金融服务公司发行证券融资的门槛和发行成本。

在底层资产包形成的过程中，往往涉及了资产方、资金方、信托等多个不同金融机构，参与的各方皆有自己的业务系统。因为交易量大、交易频次高，机构间、行业中一直存在着三大痛点。

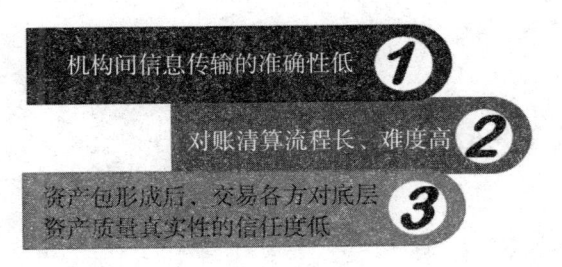

1. 机构间信息传输的准确性低
2. 对账清算流程长、难度高
3. 资产包形成后，交易各方对底层资产质量真实性的信任度低

图6-9　金融领域内，底层资产包形成过程中的痛点

通过引入区块链技术，京东的金融资产云工厂与业务得以安全存储交易数据。在信息不可伪造和篡改的前提下，自动执行智能合约。

在一个典型资产云工厂业务场景中，京东金融作为资金方，与合作的消费金融服务公司共同参与每一条资产的风控、放款和还款环节，并负责资产包形成后的结构化发行全流程管理。

底层资产包形成的过程中，资产方与身为资金方的京东金融、信托公司各有一把私钥，三把私钥形成了三个验证节点。一旦有贷款通过京东金融的投资决策引擎的审核，便会交到京东支付处，完成放款行动；放款行动完成后，京东支付会实时返回交易流水的唯一凭证，并写入区块链中，形成"贷款资金入链"。

在这一过程中，每一笔贷款的申请、审批、放款等资金流转都无需任何中心化机构的审核。它联合了证券融资过程中所有的市场参与者，共同维护着一套交易账本数据，实时掌握并验证了账本内容，维护了账本的完整性与真实性。如此一来，便可提升资产证券化系统的透明度与可追责性。

在资产证券化业务场景的真实运用中，这种基于联盟链的区块链技术从业务流程切入，解决了资产证券化服务商模式的数据痛点，从而保障了三方利益。

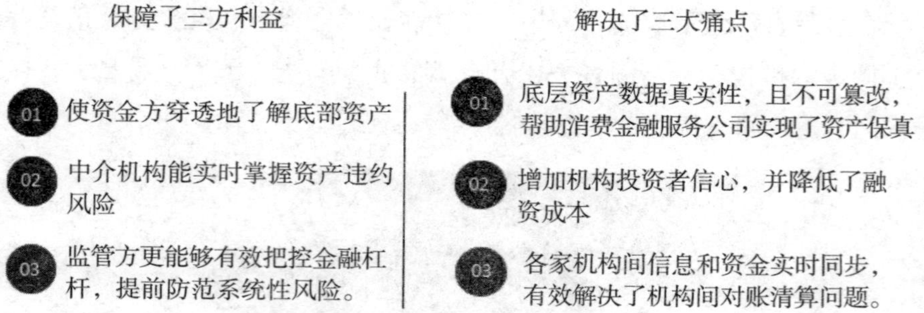

保障了三方利益

① 使资金方穿透地了解底部资产

② 中介机构能实时掌握资产违约风险

③ 监管方更能够有效把控金融杠杆，提前防范系统性风险

解决了三大痛点

① 底层资产数据真实性，且不可篡改，帮助消费金融服务公司实现了资产保真

② 增加机构投资者信心，并降低了融资成本

③ 各家机构间信息和资金实时同步，有效解决了机构间对账清算问题

图6-10 京东ABS云平台业务的优势

可以说，京东云资产的成功，为整个金融交易市场展示了降低成本、提升效率、保证资产数据真实透明的宝贵经验。

◆ OPEN：展示全新区块链支付方案

在当下，微信、支付宝等移动客户端支付已成生活常态，这极大地方便了我们的日常生活。不过，这些移动端支付依然是中心化的支付方式。如果将区块链与移动支付结合，会出现怎样的情境？

在互联网为基础的移动支付中，支付宝、微信其实担任了验证信用与担保的角色：它们既为支付行为进行信任背书，同时又监管着大量资金。相比之下，区块链的去中心化，使任意两个节点的交易信息都向全网加密。所有节点都以加密区块存储方式，按时间序列单独记录，进而形成一种全新的去中心化模式，因此，A汇钱给B的信息流的传递过程即是A向B资金转移结算的过程。并且A和B通过各自的数字签名来证明身份，不需要第三方信任背书，直接就能实现点对点的电子现金支付。

在Open Platform平台上，已经开始探索这种全新的支付方案。Open Platform是全球首个为应用程序服务的区块链基础支付平台，它专注为主流应用程序和程序开发员提供去中心化的支付解决方案。在其设计构想中，期望实现以下内容：

① 接受加密货币的方式与应用程序在中心化法定交易中运行和更新其后端的方式类似；

② 在接受加密货币的同时处理应用程序的支付方案（例如一次性购买，

每月订购，游戏币等）；

③ 跟踪，验证和授权曾在区块链上购买的用户；

④ 确认来自应用程序的数字资产（商品或服务）的购买者确实可以访问该资产；

⑤ 通过开发人员友好的 API 更新应用程序层和数据库。

通过 OPEN，开发人员能够使用任何应用程序支付方案从任何区块链接受任何加密货币。这就意味着，开发者将有机会去切入高达千亿美元的流通数字货币。

◆ 商业银行：利用区块链盘活应收账

早在 2016 年，浙商银行就推出业内首个移动数字汇票平台。在此基础上，2017 年下半年，浙商银行开发上线了一款自主设计研发的应收款链平台。

对于应收账款，我们可以生活化地理解为，它就是你付出以后应该得到的报酬。应收账款的确认十分重要，直接影响公司收入。无法收回的应收账款会成为企业经营中的一大损失，成为"坏账"，而这意味着之前不管是人力、物力还是其他资源，所有投资都打了水漂。

这就好像个人生活投入、应得与花销一样：你每天投入 8 小时工作，每天应得 500 元收入，每天花销需要 80 元——但最近一个月，你每天的实际到手资金只有 50 元，你的应收账款就是 450 元。短期如此，可以支撑下去，若长久未收到应收账款，生活都会成为问题。因此，应收账款的规模直接决定了企业的周转与发展好坏。

为了帮助企业盘活应收账款、加快资金周转，浙商银行在系统中引入了区块链技术，为企业建立起了"应收款链平台"。这一平台拥有图 6–11 所展示的三大特点。

在应收款链平台上：

① 下游付款买方企业可签发、承兑应收账款，将账面的应收账款转变为安全、高效的支付结算工具，盘活应收账款，减少对外负债；

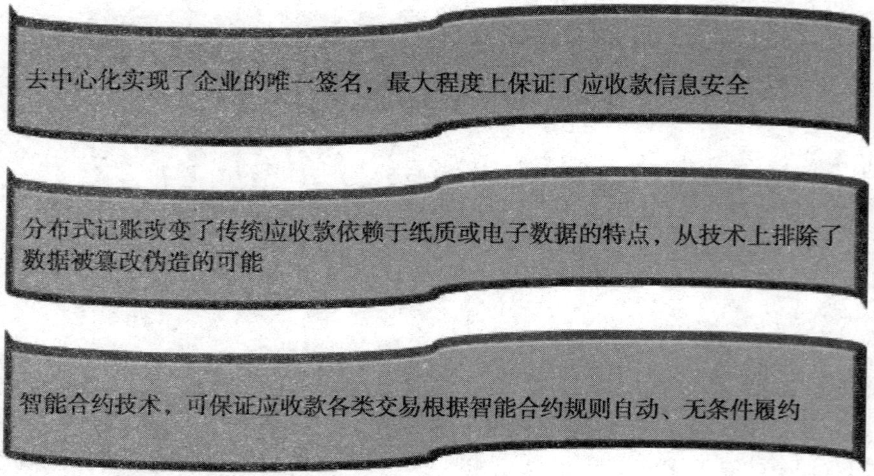

> 去中心化实现了企业的唯一签名,最大程度上保证了应收款信息安全

> 分布式记账改变了传统应收款依赖于纸质或电子数据的特点,从技术上排除了数据被篡改伪造的可能

> 智能合约技术,可保证应收款各类交易根据智能合约规则自动、无条件履约

图6-11 浙商银行应收款链平台特点

② 上游收款企业收到应收账款后,既可直接用于支付,也可拿来转让或质押融资。

这种依托区块链平台构建的供应链"自金融"商圈,不仅可以化解应收账款滞压烦恼,还可充分挖掘企业的商业信用价值,帮助企业乃至整体产业"去杠杆、降成本"。

以电池明星企业超威动力为例,根据其业务需求,浙商银行为其定制了"池化融资平台+应收款链平台"的综合金融服务方案:

① 超威动力向上游供应商签发并承兑应收款,用以采购原材料,向银行申请应收款保兑;

② 上游供应商在收到经浙商银行保兑的应收款后,可将应收款质押入池或转让给浙商银行,提前获得融资。

如此一来,上下游优质企业的商业信用价值被充分挖掘,不仅应收账款被盘活,资金占压减少,同时还降低了融资成本,缓解了融资难、融资贵的问题,营造出了良好的供应链生态圈。

2. 区块链+医疗：解决医疗最大的问题

医疗健康领域很可能是继金融领域以后，区块链技术落地现实生活的第二大应用场景。

2.1 医疗信息不流通与数据泄漏之间的大矛盾

长久以来，医疗信息都极不流畅。导致这一现状的最大原因在于，处方与病例是医院生存之根本，再加上法律与病人隐私上的顾虑，各家医疗机构都不会轻易将医疗信息对外公开。

医疗信息不流通的直接结果有三个：

① 用户就医不便，在各大医疗机构间辗转时，往往会被要求进行不必要重复的检查与医学成像，增加了医疗费用；

② 医疗信息不流通，就诊医生无法及时、完整地获知就诊者的过往情况，增加了诊断难度与工作量；

③ 机构间的信息不流通，同样也增加了药企对用户、医生、医疗机构未来用药走向的判断难度，增加各项费用的同时，更抬高了药品价格。

这些现实的存在使医疗记录远未达到可以被我们完全信任的地步。除以此外，因为信息不流通，多个供应商持有相同患者的版本不同的记录问题，同样也使患者纠结不已：你根本不知道你所使用的健康设备、医疗诊断结果记录是依据于哪一时期的数据展开的。这让我们处于一种极有可能"花了钱、遭了罪、病却未治好"的风险中。

与医院不愿公开医疗信息相悖的是，医疗信息数据泄漏的事情时有发生。在医疗数据中，包含了患者的身份信息、治疗方案与治疗费用等敏感信息。随着移动医疗、AI 医疗影像、电子病历等数字化程序的普及，医疗数据被泄漏的情况如今早已屡见不鲜。

2017 年 9 月，国内被爆出 7 亿公民医疗信息遭泄露的重大事件，其中大量孕检信息遭到泄露，并在暗网进行交易。几乎是同一时间，美国一家为患者提供家庭医疗服务的企业 Patient Home Monitoring，因为云端配置错误，导致了高达 47.5G 的数据泄露，从而使 15 万患者的病历被曝光。

区块链技术将有助于纠正这些问题：在区块链里，没有哪个实体可以全权负责掌控这些数据。但只要参与其中，各方就必须要负责维护数据安全与完整性，而且人们可以清晰地知道，某一数据是谁、何时上传的。这种方式为更准确的医疗提供了唯一的真实性来源，同时也使我们的数据安全得到了保障。

2.2 区块链在医疗领域的四大应用

由于没有任何实体会全权负责掌管这些重要的医疗数据，但同时各方都需要且有必要负责维护数据的安全性与完整性，因此，区块链技术进入医疗领域成为了一种必然：它使医疗数据拥有了唯一的真实来源。

在医疗领域中，区块链技术将在四大方面发挥作用。

◆ 电子健康病例

区块链在医疗方面的最主要应用是对个人医疗记录的有效、正确保存。我们可以将之理解为"区块链上的电子病历"。

我们可以借助于区块链"分布式账本"的概念来理解这一内容：若将病历简单地想象成一个账本，原本它掌握在各个医院手中，患者自己并不掌握，因此，病人就没有办法获得自己的医疗记录与历史情况。由于就医过程中医生不能详尽地了解患者的病史记录，这将对患者就医造成巨大的困扰。

但如果使用区块链技术来保存的话，个人医疗历史数据就会被完整地上传至链上。不管是看病，还是进行自我健康规划，患者都将有历史数据可供查询。更重要的是，这些数据的真正拥有者是患者本人，而非某一医院或者第三方机构。

换句话来说，如果医生或者某药品公司想要使用你的数据展开研究，它们就必须经过你的授权。

◆ DNA 钱包

个人基因与医疗数据都可以在区块链上安全地储存，并且通过使用私人密钥来获得，这将形成一个有效的 DNA 钱包。未来，医疗健康服务商将可以安全地分享与统计病人数据，帮助药企更有效率地开展药物研发，而这种全新的医疗数据运用模式正在建立起来。

◆ 比特币支付

近年来，区块链技术的落地促使比特币在某些地区正在形成可流通的支付方式，这将给予病人更多的支付选择。虽然比特币到底能够在哪一区域支付依赖于该地区数字货币的具体发展状况，但提供这一支付方式的保险公司明显会比竞争对手拥有更大的优势。因此，在欧美、日本等地区，健康医疗保险公司正在积极引入区块链，以便日后将其发展为取得竞争优势的重要方面。

◆ 药品防伪

从表面来看，运用了区块链技术防伪的药品与运用编码防伪技术的药品有些类似：它们都是在药品包装盒表面设置了一个能被刮去的面，底下是一个特别的验证标签。与编码防伪技术不同的是，运用了区块链技术防伪的药品可以清晰看到药品是什么时候被生产出来、通过哪家公司运输、何时进入某家商店销售的。

可以预见的是，正因为医疗数据在病人健康管理上表现出了越来越重要的作用，因此，未来区块链技术也将在医疗领域发挥巨大作用。

2.3 区块链+医疗，多方共赢的医疗创新探索

如今，越来越多的医疗保健机构正在探索区块链与医疗结合后的具体运作方向。在全球范围内来说，该领域目前进展较为顺利的有以下几大项目。

▶ 微信智慧医院 3.0

2018 年 4 月份，腾讯正式发布了微信智慧医院 3.0。相比于之前的版本，新版微信智慧医院加入了 AI 与区块链等新技术。

新版微信智慧医院通过联盟链，将医生、患者、医疗机构、药企、保险单位等所有的知情方都纳入了区块链，实现了医疗信息实时链上监管。在整个软件中，对区块链的使用主要体现在安全与连接两个方面。

◆ 数据传输更安全

基于区块链所拥有的多方共识、不可篡改、多方存证、随时可查等优势，微信智慧医院 3.0 为监管方、医院、流通药企搭建了一条联盟链。在保障数据、隐私安全的同时，全面实现了链上数据防篡改。

◆ 不同单位间的更有效连接

通过对医院、药企、保险等资源的共同联动，微信智慧医院提供了在线咨询、处方流转、商保直赔等服务。

以处方流转为例，微信智慧医院基于腾讯支付、AI 人脸识别、区块链等核心技术能力，成功连接了医院、流通药企及用户，并通过电子处方安全流转、全流程可追溯，成功实现了医药分离。用户可选择自己中意的药店取药，或者直接下单请药店配送到家。多种购药方式的存在，使用户更能掌控个人医疗过程，同时也使具体医疗花费的去向更清晰。

微信智慧医院的最大价值就在于，它有效盘活了医疗数据，连接了对医疗数据有需求的商业方，同时又通过技术保障了用户的权利，使用户有机会通过平台获得更优质的医疗服务。可以说，这是一个多方共赢的探索。

对患者来说，通过对医疗信息的链上监管，个人就医信息实现了全程

可追溯。只要登陆平台，患者便可以知道自己的医疗信息从哪里产生、到哪里去，正在被谁使用，眼下处于何种状态之下。同时，更全面的医疗数据也有利于提升用户的医疗服务，获得更准确的医疗诊断。

对腾讯来说，以跨界协作者的身份参与医疗数据流通创新，既可以实现技术上练兵，使自身积极参与到区块链浪潮之中，从而提升腾讯的影响力，还能获得用户、客户，获得政府方面的支持，同时更能扩充自身用户大数据，可谓是一举多得的好事。

对医院、医疗机构来说，数据流通有利于盘活自身海量的限制医疗数据，提升医院影响力。同时，也能获得更好、更全面的其他医疗数据，提升业务能力，与用户建立更好的医患关系（减少医患纠纷），降低数据采集、分析成本。此外，更多真实的用户医疗数据还有助于提升医疗机构的分析能力和战略决定能力。

▶ CoverUS: 你将从自己的健康数据中得益

美国初创区块链公司 CoverUS 认为，在数据时代里，个人的健康数据能够变得有利可图。通过基于区块链技术的数据市场，该公司希望可以有效降低个人保险费用，并通过用数据产出的收入来帮助公司与客户赢利，从而在促进健康的情况下降低整体系统的成本。

其工作原理是这样的：

用户在注册时可以下载一个数字钱包到他们的手机上，然后用电子健康记录（EHR）中的数据来赚取收入以填充数字钱包。

系统将为每一个使用平台的用户提供一个开放的应用程序编程接口，方便他们将数据上传至网上。同时，用户可以通过可穿戴设备和其他健康追踪器自动向平台添加数据，并回答有关的健康状况和消费习惯问题。

CoverUS 的这些举动，都是为了创建一个更丰富的健康数据库。通过将用户所有的数据收集在一个地方，CoverUS 希望可以为用户提供更多自主权，比如，决定谁能查看、使用自己的个人医疗数据。

该公司的联合创始人克里斯托弗·希利认为："将数据归还给所有者，

这是符合道德的。目前，我们的医疗数据被人从中获利高达几千万美元，而我们中的大部分人对此一无所知。而且，医疗数据掌握在个人手中是最有价值的，因为用户的电子病历与处方只占据了整个医疗信息的一部分，只掌握这方面的信息对维护个人健康来说明显不够，而且，没有人比你更清楚自己到底是如何产生这些数据的。"

CoverUS 如今已推出了平台独立的加密货币 CoverCoin，并支持用户以它来进行各项支付。用户可以通过注册、共享数据来生成加密货币，更能将这些加密货币用在有助于改善健康的服务上。比如，将它们用在支持 CoverCoin 支付的健身房里，或者可以兑换成保险计划的健康储蓄账户。

已经有很多用户通过 CoverUS 得益。一位名叫法拉·博斯蒂克的糖尿病患者就是其中一位。由于其病情与健康数据的特殊性，雅培糖尿病护理公司对她产生了兴趣。因为平台的设置，他们必须支付一定的费用，且通过法拉的同意后才能查看这些数据。

如图 6-12 所示，通过 CoverUS 平台，法拉得以实现用数据获得收益。

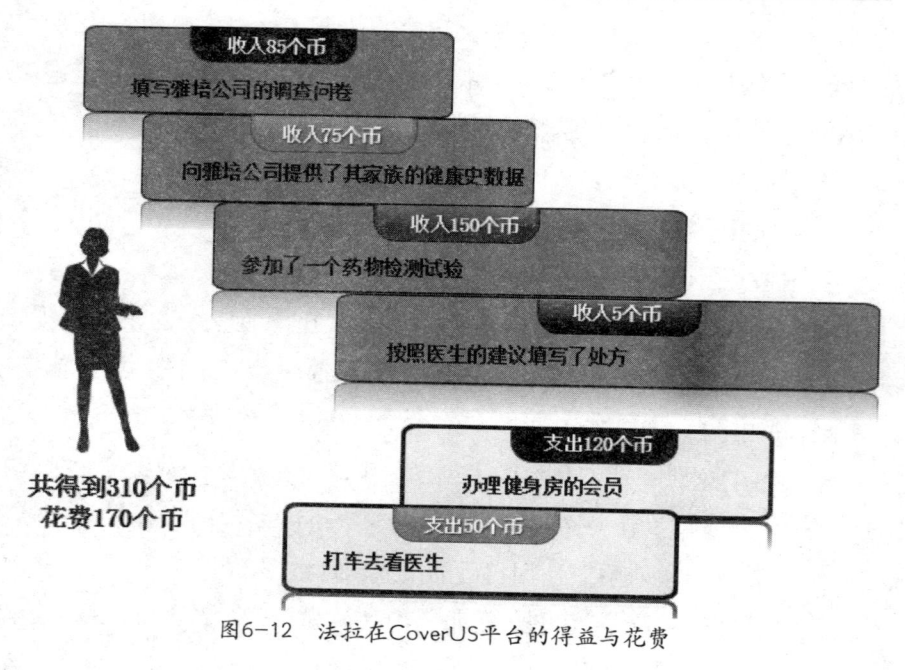

收入85个币　填写雅培公司的调查问卷
收入75个币　向雅培公司提供了其家族的健康史数据
收入150个币　参加了一个药物检测试验
收入5个币　按照医生的建议填写了处方
支出120个币　办理健身房的会员
支出50个币　打车去看医生

共得到310个币
花费170个币

图6-12　法拉在CoverUS平台的得益与花费

法拉使用 CoverUS 平台得益的过程，也显示出了该平台的初衷：从健康数据中所得的收益，将最终用于更有利于用户健康的项目。

不过，这些利用 CoverUS 平台得益的用户往往与法拉一样，其健康数据本身就是特殊的、能够引发研究人员极大兴趣的。虽然大范围内因数据得益的未来还很远，但 CoverUS 至少为我们展示了一个个体因区块链而得益的真实场景。

3. 区块链+能源：提供能源互联网真正落地的技术保障

能源是个古老又厚重的行业，区块链则是一个颠覆性的新兴技术行业。在两者结合以前，世人更倾向于将两者比喻成两条独立发展的平行线。

一方面，不管是传统的煤、气、油，还是以"可再生"属性出现的光伏、风电、生物质等新兴能源，都是在区块链技术出现以前便存在并正常运转了多年的。

另一方面，区块链技术在很长时间里都仅仅是电子现金系统中的底层技术。在更多应用场景被发掘以前，区块链仅仅是依附于比特币不断攀升的币值博得关注的附属物。

因此，能源与区块链的碰撞颇有跨界的意味。如今，两者叠加在一起，正在撞出改变能源行业的创意性火花。

3.1 从"能源互联网"到"能源区块链"

对能源企业来说，数字化被视为传统能源行业转型、升级的重要驱动力，这主要源于三大原因。

① 气候变化与环境保护的双重要求，以煤炭、油气等一次传统能源为主体的能源结构，如今正在逐渐向基于电力系统的光伏、风电等二次能源调整转型。而与石油、煤炭等化石能源相比，电力系统在本质上更具备数字化的先天性优势。

② 人工智能、大数据、云计算、物联网等技术的快速发展，为传统行业的数字化提供了网络与算力基础设施，客观上为数字化崛起扫清了技术障碍。

③ 在互联网时代，传统行业不断遭遇商业瓶颈，这迫使从业者们重新审视发展之道。能源行业的从业者们也已经意识到，在新竞争局面中，那些优先踏入数字化领域的企业往往拥有绝对化的竞争优势。

因此，传统能源行业开始了从"能源互联网"到"能源区块链"的不断进化。

▶2016年开始的中国"能源互联网+"

2016年2月29日，国家发改委发布《关于推进"互联网+"智慧能源发展的指导意见》，旨在重塑能源产业链、供应链、价值链。在此背景下，"互联网+"智慧能源战略与示范项目的落地，成为中国能源系统转型向数字化发展的重要一环。

从风机硬件制造起家的远景，试图将其形象定位为"能源互联网首倡者"及"头部玩家"，选择以输出能源互联网操作系统的策略获得"大一统"的江湖地位。

协鑫、汉能等光伏企业则在自身持有的电站上嵌入基于物联网、大数据和云平台的互联网化的运维监控集成管理系统。

同时，BAT（百度、阿里、腾讯）这样的重量级互联网企业也纷纷入局：

腾讯与中广核签署协议，以"互联网+清洁能源"为核心，开展包括混合云、全球协同通信、微信企业号、互联网金融等方面的合作；

阿里则是在光伏组件生产端发力：天合光能宣布引入阿里云ET工业大脑，用于寻找更优生产工艺，以提升电池片光电转化率。

"互联网+"智慧能源意味着，未来能源生产必然会向着数字化、智能化、多能源互补化方向发展；另一方面，这也催生了基于区块链技术的新型商业模式，为日后实现更广泛、更灵活的能源交易提供了有益的尝试。

▶2018年后的"能源区块链+"

如果说"互联网+"智慧能源战略开启了中国能源数字化转型，那么，"区块链+能源"则是能源数字化的更深入探索。能源互联网并未实现颠覆性创新的原因，关键就在于，在互联网世界里，它依旧表现为旧有中心能源系统，只不过将这一旧系统进行了数字映射，使原有能源数据电子化、互联网化了，实现了业务层面与终端交互方式的改变。

比如，之前普通居民想交电费、燃气费必须到当地营业大厅现场缴费，但现在却可以通过微信、支付宝等渠道网络缴费。但这种缴费方式的变化，并不会带来能源行业生产关系的变革。这就好比支付宝与微信支付其实都是服务于"人民币"的电子化支付手段而已，并未带来真正意义上的数字货币革命。

而区块链技术引入能源行业，则使该领域的彻底变革有可能真实发生。

区块链的做法是利用去中心化的分布式账本技术，在商业信任、价值传递、交易清结算等多维度解构现有的能源生产和消费模式，并搭建新的能源商业体系的底层构架。在未来，能源互联网可能会呈现出以下场景：

① 能源互联网中，各个节点都可能会成为独立的生产、销售者，以去中心化的形式进行能源流、价值流、信息流的交换。同时，各个主体平等分散决策，区块链技术的中去心化属性能够有效匹配该结构，实现所有节点的权利、义务对等。

② 区块链技术本身所具备的不可篡改性，使多元化能源市场无需第三方信任便可以实现信任点对点的价值传递。

③ 基于区块链公链开发的智能合约功能，能够让有关能源使用的合约执行起来自动化、智能化。不管是购电、售电，还是生产、传输等需求，都可以通过区块链的智能合约实现。

2019年后的"能源区块链"发展：

2019年8月22日，国网电子商务有限公司所属国网区块链科技（北京）有限公司入驻中关村科技园西城园，并举行了揭牌仪式。

揭牌仪式上，国网区块链科技公司发布了电子合同、电力结算、供应链金融、电费金融、大数据征信等五大区块链金融核心产品和智能风控、智能投顾等"人工智能+金融科技"产品应用。

国网公司认为，"（区块链）技术形态与国家电网公司的泛在电力物联网建设高度契合，能够推动上下游产业互信，实现数据高效共享，提升风险防范能力，能有效解决泛在电力物联网建设过程中面临的数据融通、网络安全、多主体协同等问题。"

国网区块链公司聚焦区块链技术研究、产品开发、公共服务平台建设运营等业务，在2019年5月，曾向社会公开发布一批《能源互联网技术研究框架》科技项目10个。这些项目自2019年10月启动，研究周期最长不超过2021年12月。基于主侧链的电力区块链技术应用模式研究是其中的研究方向之一。

3.2 能源领域的创新性尝试

区块链在能源价值链环节中，主要可以发挥三方面的作用：

① 在能源资产生产开发方面，比如能源资产证券化、绿色能源的碳资产开发，都可以通过区块链来进行资产登记、溯源、流转，从而在提升效率的同时降低交易成本。

② 电动汽车的充放电、分布式能源的就近交易等，也可以通过区块链底层技术来开发相关应用。

③ 在储能方面，区块链也可以发挥积极作用。

如今，全球范围内，其实已经涌现出了多个"区块链+能源"的应用。这些应用多发生在降低交易成本、查明能源来源以及提升交易效率三大问题上。

▶ 区块链 + 能源交易

眼下，大部分区块链能源项目都建立在对点（P2P）能源交易平台基础上。在美国的布鲁克林区，西门子公司联合 LO3 Energy，成立了"布鲁克林微电网"。如果你住在布鲁克林区，那么，你可以通过这一微电网，将自己用不完的电量销售给电量不足的邻居。当然，你的邻居也可以卖电给你。

在未来，电力公司将不再是个人获取能源的唯一渠道：如果你有太阳能电池板，可以自产电能的话，还可以将这些自己暂时用不到的电量销售给整个微电网上的用户。

这种 P2P 式能源销售与传统能源销售相比有着明显的优势：

首先，它的价格更便宜。

其次，它也提供了客户选择能源种类的机会。你可以选择购买水能、太阳能甚至是风能等可再生能源，也可以选择石油、天然气等传统能源。

再者，一旦能源区块链平台建成，多种能源公司加入，它便能使客户更轻松地在不同供应商之间切换：你可以选择个人能源销售者，也可以选择电力网络公司，或者风能供应公司。

▶ 能源交易平台代币化

Power Ledger 平台是一个生态系统，它重新定义了应用的托管方（如电力公司、零售商等）与消费者之间的关系，同时也使多样化的市场管理、定价机制与代币体系之间实现了互操作性。这意味着，能源的生产主体开始出现了实质性的改变。

传统的水能、核电能等发电方式注定了客户不可能自己供应能源，这自然形成了政府监管下的中心化供需关系。然而，可再生能源并非这种运作模式。想想看，只要你想，眼下你就可以在自己房顶安装太阳能电池板。

这些太阳能产生的电力，若自己用不完，还可以卖给邻居赚取外快——这样，每个家庭都会兼具电力"使用者"与"销售者"两种身份。但多余的电量如何买卖？在不知道对方的身份时，我们要如何与对方建立起信任关系？

Power Ledger 正是基于此问题建立的。该平台推出了与平台同名的货币。这一代币基于以太坊智能合约建立，这使其安全性、稳定性皆有保障。就如其他代币一样，只要有网络链接，用户就可以成为 Power Ledger 的网络节点，进行能源买卖。这种充分发挥用户自由度的方式，合理地分配了剩余资源。对个人来讲，可以增加额外收入；对社会来讲，可以减少资源浪费，同时推进新能源的改造进程。

除了 Power Ledger 外，许多加密货币正在尝试通过代币刺激新能源生产。全球著名服务机构毕马威旗下的 Encoin，正在为产生和存储分布式能源提供奖励；区块链创业项目 SolarCoin 正在通过加密货币奖励太阳能生产，而其加密货币可以在市场转化成比特币甚至是美元这样的正常货币；南非的 Bankymoon 允许客户通过加密货币预先支付电费。这些案例的落地，预示了未来能源交易平台很可能会大规模代币化发展。

▶ 能源消费平台代币化

在能源消费端，区块链底层技术也在开发电动汽车的充放电、分布式能源的就近交易等相关应用。

比如，美国区块链开发商 Grid Singularity 与杜克能源、英国森特利克集团、壳牌、东京电力公司和德国 Innogy 等多家能源公司合作，成立了能源网络基金会（Energy Web Foundation，简称"EWF"）。在 2017 年 11 月，EWF 推出了开源区块链，允许开发人员在上面创建代币，并认定了图 6-13 中的四大发展领域。

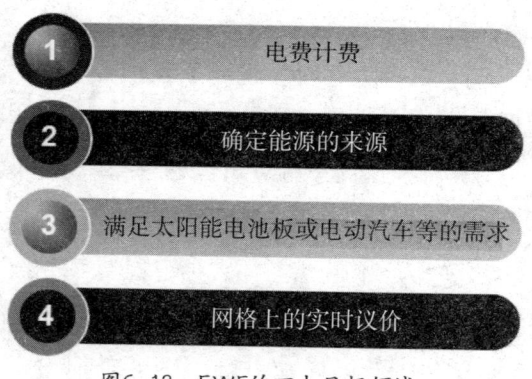

1. 电费计费
2. 确定能源的来源
3. 满足太阳能电池板或电动汽车等的需求
4. 网格上的实时议价

图6-13　EWF的四大目标领域

此外，德国能源和天然气供应商 RWE 旗下的子公司 Innogy，推出了基于以太坊公链上的充电站。用户给汽车注册登记后就能将常规现金转入自己在公链上的钱包。通过这种方式，只要他的汽车连接了充电站进行充电，以太坊上设定好的智能合约便会将费用转账给充电站的所有者，并记录下整个交易过程。

毫无疑问，能源行业的区块链化是大势所趋，一旦这一应用场景大规模落地，将会彻底实现能源领域的生产关系变革。

4. 区块链+慈善：重建服务性组织

随着互联网技术的发展，社会公益的场景、规模、影响力与辐射范围都在空前扩大。"互联网＋公益"、普众慈善、指尖公益等概念逐渐地成为了公益主流。而且，我们也可以看到，很多互联网服务公司正在进入公益领域且开始利用区块链技术提升自身的服务水平。

这些模式不仅改善了传统的慈善捐助、公众公益服务方式，同时也推动了公众的公益行为向着小额化、碎片化、常态化的方向不断发展。同时，各式各样的公益项目也正在随着区块链技术的进入，实现比互联网时代更丰富的传播，这使公益的社会影响力被重建与成倍放大。

4.1 为什么大家不相信公益了？

慈善公益活动想要获得大众的支持，就必须要拥有公信力，而信息透明、公开是获得公信力的基础前提。公众关心自己捐出的钱款、物资发挥了怎样的作用，他们渴望知道公益机构在收到捐款后做了什么，更想知道机构到底花费了多少，具体的成本有多高。

这种公信度的高低与公益的成效决定了公益机构的公信力，直接影响着公益机构是否可以获得公众的认可与持久的支持。然而，在过往数年间，公益慈善行业时不时便会爆发出一些"黑天鹅"事件，这使民众对公益行业的信任度受到了极大的打击。

可以说，社会舆论对公益机构与公益行业最大的质疑就是，公益信息为何不能透明、不能公开？只有透明的公益才能提升公益机构的公信力，而所有公益机构的公信力又直接影响了社会公益的发展水平。

但对于公益机构而言，信息披露往往需要大量的人工成本，这本身就是掣肘公益机构提升透明度的一大重要因素。

4.2 区块链如何应用到社会公益上

在之前我们已经反复强调过，从本质上来说，区块链是通过分布式技术与共识算法重新构建起一种信任机制，它是通过共信力来助力公信力的。而区块链上存储的数据本身就具备高可靠性和上链后不可篡改性，天然适合于在社会公益场景下运用。

公益流程里的相关信息，比如捐赠项目、募集明细、资金流向、受助人反馈等，皆可以放在区块链上。而且，区块链能够在满足相关法律法规要求前提下，有效保护项目参与者隐私，实现有条件的公开、公示。

将区块链技术引入公益慈善事业中来，会彻底改变传统公益慈善捐款信息的传递模式：当用户的善款上传至区块链系统后，将被自动记录在区块链上并盖上时间戳，这一记录是不可被篡改的。每一笔捐款与支持，都会如同"快递"一样，你将知道它来自于哪里（当捐助者愿意公开信息时），去往何方。

为了进一步提升公益透明度，公益组织、支付机构、审计机构都可以作为节点加入其中。而且，区块链里的"联盟链"天生适用于此类多节点运作，适用于需要引入有效监督机制的系统化运作。当公益联盟链开始正式运转后，也会因其方便公众与社会监督，使区块链发挥其"信息机器"的作用，助力社会公益快速、健康地发展。

在社会公益场景中，区块链中的智能合约技术也可以发挥积极作用。比如，在一些像定向捐赠、有条件捐赠、分批捐赠等有点复杂的公益场景中，就非常适合使用智能合约来进行管理。这将使公益行为完全遵从于预先设定好的条件，使善款的使用规则在捐款以前便已经被写死。在实现专款专用的基础上，保证大众基于爱心捐赠的款项只会流向那些满足捐款条件的人身上，而不会被别有用心之人拿去满足自己的私欲。

很显然，对于慈善公益事业来说，区块链技术的引入，对于增强人们对慈善事业的信心大有帮助。

4.3 社会公益，区块链在行动

区块链与公益到底要如何结合，现实生活中已有很多真实的应用案例投产上线。

▶阿里：让善意可查

在 2016 年 7 月份，阿里旗下蚂蚁金服正式占位区块链，"让听障儿童重获新声"是蚂蚁金服与中华社会救助基金会联合展开的小规模试水项目。

2016 年 12 月，蚂蚁金服推出了新版本，并增加了中国红十字基金会的首个区块链公益项目"和再障说分手"、壹基金区块链公益项目"照亮星星的孩子"，并实现了实时账目的公示（图 6-14）。

捐赠人能够在"爱心传递记录"中的反馈信息中看到善款的走向：在进行了必要隐私保护的基础上，个人的捐款是何时从支付平台划拨到基金会账号上，何时最终进入受助人指定账号的整个过程。

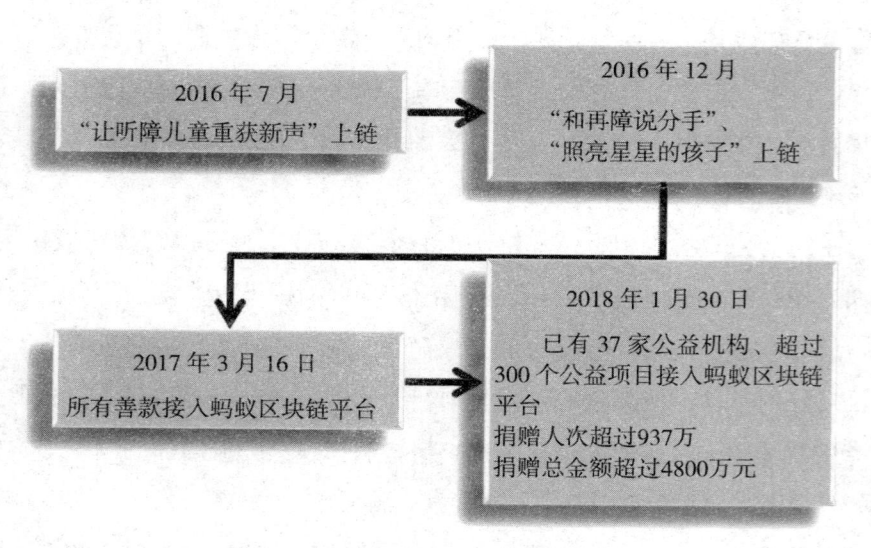

```
     2016年7月                    2016年12月
  "让听障儿童重获新声"上链      "和再障说分手"、
                              "照亮星星的孩子"上链


                              2018年1月30日
  2017年3月16日               已有37家公益机构、超过
  所有善款接入蚂蚁区块链平台      300个公益项目接入蚂蚁区块链
                              平台
                              捐赠人次超过937万
                              捐赠总金额超过4800万元
```

图6-14 蚂蚁金服的区块链慈善进程

上述所有信息都是上传至区块链后的，而区块链的特性既从技术上保障了公益数据的真实性，又帮助公益项目节省了信息披露成本，充分体现出了区块链的公益价值。

其实，不仅仅是阿里，国内有多家企业已立足于区块链，加入到了慈善公益行列之中。

2019年的斯坦福大学出版的顶级期刊《斯坦福社会创新评论》，将中国科技公司用区块链技术推进公益事业作为案例进行研究。研究认为，过去几年中国的公益事业充满活力。目前中国有80多万家注册社会组织，几乎是2011年的两倍。2018年"CAF世界捐赠指数"显示，中国参与公益捐款的人数排全球第三，同时有超过5000万人注册成为公益志愿者。

在这样的趋势下，区块链技术正在给公益事业带来创新，加速在线公益活动的发展。

▶ 光大银行与"母亲水窖"

光大银行2004年与"母亲水窖"项目结缘，致力于解决甘肃、宁夏、内蒙古等地区的群众缺水、饮水难问题。2017年，光大银行开始将区块链技术引入"母亲水窖"公益活动中。

在图6-15中,我们可以看到,区块链账本如今已是"母亲水窖"工程的关键所在。

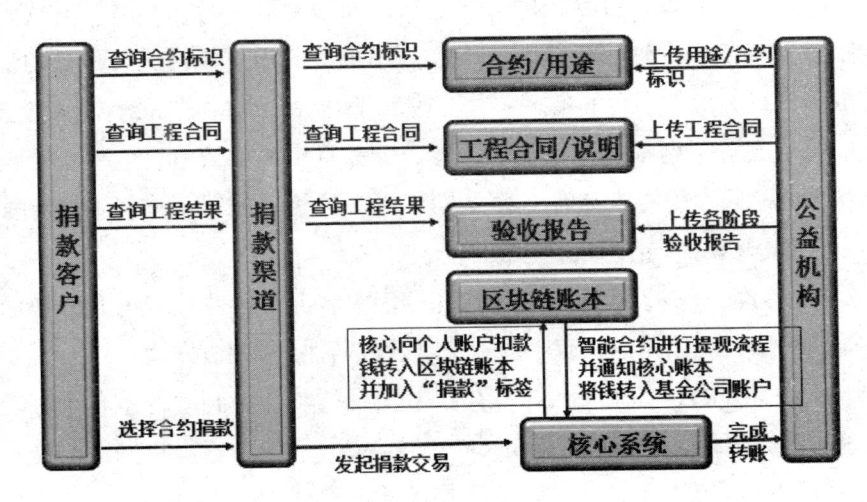

图6-15 "母亲水窖"区块链项目运作过程

通过这一平台,光大银行实现了有关该项目的捐款信息公开、捐款费用追溯,同时也尊重捐款者的意愿,有效地实现了隐私保护。区块链技术的特征也使上链账务信息不可篡改,这保证了每一笔善款都是被运用于饮水困难地区群众的"饮水"问题。

▶京东公益:首例区块链物资公益问世

2017年9月,京东公益"物爱相连"平台正式上线,开启了"科技+物资公益"的跨界新模式。这是全国首例应用区块链技术进行物资公益捐赠流程追溯的尝试。

此次合作中,创新性地运用区块链技术,按具体的发运批次,对捐赠物资的流程批次信息进行了采集、整合、记录与展示,保证了流程信息的不可篡改性,并且实现了全程可追溯。通过信息追踪,爱心人士可以知道自己所捐赠的东西何时到了捐赠目的地,到了哪一个孩子的手中。

全程透明化的流程追溯展示使网上捐赠变得更直观、更立体,同时也更能使捐赠者感受到自己的小举动对他人生活产生的意义——这将大大有助于形成健康良性发展的公益生态。

▶ 腾讯与公益寻人

我国每年有数百万家庭因为孩子失踪而饱受煎熬，在互联网时代，各大平台皆参与到了这一公益领域中，利用自己的用户流量进行积极的信息扩散。可是，寻人平台的增多，并不代表我们"找到人"的能力越来越强。

每个公益平台都有自身注册、发布、等待审核的流程，这些都会耗费相当多的时间，但寻人却有"黄金72小时"之说：错过了孩子丢失前的72小时，孩子找回的希望便会非常渺茫。

另一方面，孩子找回，父母往往会因为各种原因难以及时告知投放平台撤换信息，这使原本就有限的资源难以被其他失散家庭利用。

是否有方法让各个平台相互连接、实现同步，做到既尊重各个平台对自身产品的把控，又提升协作的效率？

"腾讯寻人团队"做了一次有温度的技术尝试。

其实，早在2015年，腾讯已建立起了自身成熟的区块链平台层模型"共享账本"。决定参与到公益寻人活动中去后，腾讯结合国际上成熟的寻人协议（PFTF），构建起了"公益寻人链"（图6-16）。

有了这一区块链，以往需要在各个公益平台逐个发布消息的父母，现在只需要使用这一链条上任何一个平台报案，整个"公益寻人链"上的其他平台都将获得完整的报案记录，其中包括孩子与家庭的信息、孩子丢失时的状态等。更重要的是，眼下，不管其中哪一平台更新了线索，其他平台也会实时同步。

图6-16 已加入"公益寻人链"的平台

"公益寻人链"通过自身采用的"共享账本"方式，帮助各个平台都联动了起来。比如，原有6家平台，每一家都有一个账本，它们都可以通过"信息变更"与"信息查询"进行本地操作。在区块链后台自动完成了信息的共识同步后，每一家的操作历史都会带有自己的签名，加入数据区块链里。一旦上链，所有信息都不会被逆向修改，更不会意外丢失，这使数据的一致性与可靠性得到了空前的加强。

若将以往各家平台的数据形容成信息"孤岛"，那么，区块链便是"桥梁"，使各个信息"孤岛"实现了联通、共享，并变得更加安全、可靠。

而且，随着各方合作的不断深入，"公益寻人链"逐步地建立起各个平台的信任评分合同制，对虚假报案与无效报案进行筛选，实现"不错过每一个真实信息"。

由上述现实运用中我们可以看出，区块链技术可以没有慈善公益，但是，慈善公益却不能没有区块链这种拥有"价值传递"与"重建信任"的技术来为自己背书。因此，未来慈善公益类服务一旦全面引入区块链技术，未来将会给这个行业带来新的生机与活力。

▶ 百度公益携手度小满区块链助力滇西北支教团

2018年11月12日，度小满区块链上，百度公益发布的滇西北支教老师经费补贴上链项目正式上线，主要是用于追踪善款去向，帮助公益提升信息透明度和公信力。

此次上链的滇西北支教团项目自2007年发起，主要是对师资力量短缺的滇西北山区学校派出短期、长期支教老师，平均每年覆盖43所支教学校，惠及当地八万余名学生。

这个项目已经形成了专业化的支教后台体系。目前，滇西北支教项目年均向山区输送约400位支教老师，并以每年几个乡十余所支教学校的速度递增，计划在三年内同时覆盖当地上百所支教学校。

在度小满的滇西北支教老师经费补贴上链项目中，从接受捐款开始到善款最终送达受助人手中,所有节点数据都上链,能够实现善款的全流程追踪,也便于用户查看链上信息。

5. 区块链+文化产业:为创意定量计价

互联网技术发展到今天,技术其实早已可以高效地解决很多法律问题,但对于那些法律无法及时地作出回应的新业态,技术往往会进一步保护产业规范,它们是法律的重要补充。在文化创意领域中,这一点体现得尤为突出。

5.1 盗版是文创产业的致命伤

在"互联网+"时代里,文创产业迎来了新的发展机遇,但是也遇到了不少的挑战。互联网的网络效应、低成本性与快速传输的特点,再加上各类盗版技术的层出不穷,使文创产业面临着盗版猖獗的挑战。

网络盗版给文创产业带来的巨大经济损失是有目共睹的。

① 网络盗版直接导致优秀创作人员的工作价值流失,版权价值不断缩水,大量优秀作品在无形中损失等诸多负面影响;

② 网络盗版中往往会插入各类虚假广告、木马病毒,有时候也会对作品进行一定程度上的恶意修改,导致作品质量低下。这些劣质内容会使用户体验带来极坏的影响,影响消费者对正版作品的感受,从而造成版权市场的恶性循环。

原本,随着知识经济的兴起,IP本应该成为文创产业的核心竞争力要素,但是,在当下互联网产业生态圈中,各类知识产权侵权现象依然严重,因为网络著作权引发的官司纠纷频繁发生。"盗版"遍地的同时,作品创作者举证困难、维权成本极高——这些，都成为了当下文创产业的尖锐痛点。

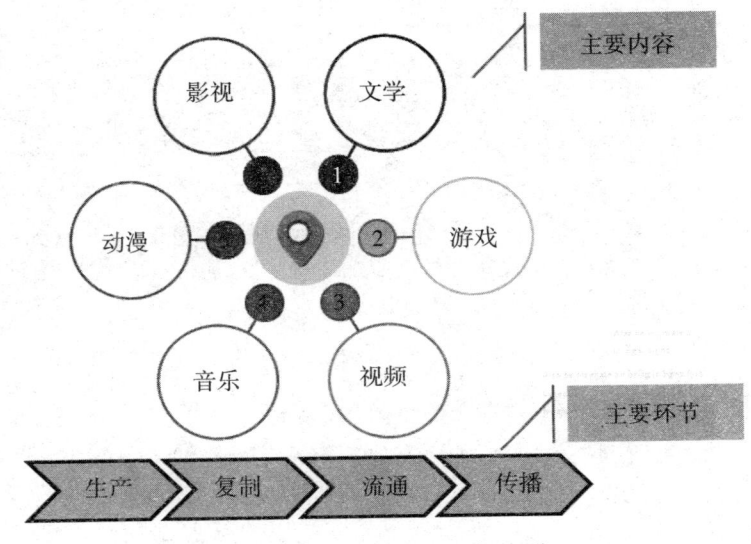

图6-17 文创产业的主要内容/环节

一方面是网络盗版频繁发生，另一方面，是互联网产业飞速发展之下，现实法律不可避免的滞后性：传统的法律法规、司法保护、行政执法等，皆无法做到随互联网发展而随时随地转变，这就导致了评价标准不一的不确定性。

网络盗版就如溃堤之蚁一般，若不加以制裁，未来有可能会撼动整个文创产业赖以生存的根基。而区块链技术的发展与加入，为文创产业解决痛点问题带来了新的解决思路。

5.2 区块链为解决文创痛点问题提供的解决思路与新价值

对于文创领域存在的种种法律问题（图6-18），区块链技术最大的意义就在于，它提供了更低成本、更有效率的解决办法。

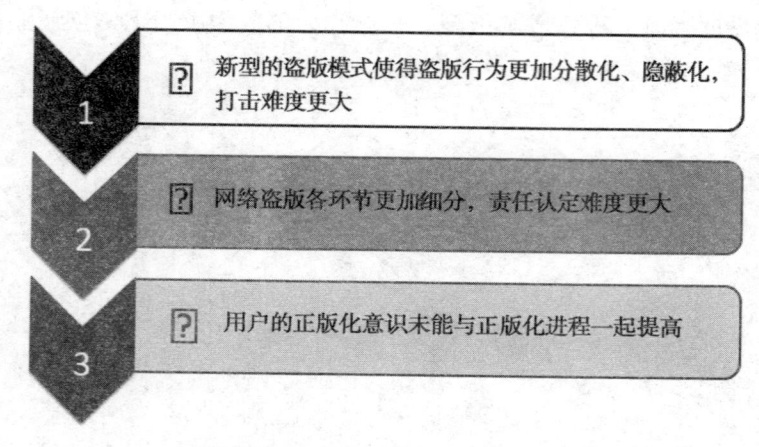

```
1  ❓ 新型的盗版模式使得盗版行为更加分散化、隐蔽化，打击难度更大

2  ❓ 网络盗版各环节更加细分，责任认定难度更大

3  ❓ 用户的正版化意识未能与正版化进程一起提高
```

图6-18 文创产业存在的三大顽疾

假如你是一名独立作者，当你将自己的作品上传至区块链后，区块链会对你上传的数据、内容盖上时间戳，再加上哈希算法，两者结合，便会对作品确权，证明一段文字、视频与音频等内容的真实性、唯一性。

一旦链上确权，有关你作品的所有后续交易都会被实时记录下来，你可以查询到，谁、哪个单位在何时购买/下载了你的作品，而你对作品进行的具体修改也会被一一记录下来。在这种详细记录下，作品的整个生命周期都是可追溯、可跟踪的。这为后续IP权利证明、司法取证等都提供了可信度强的技术保障。

具体来说，"区块链＋文创"所带来的改变有三点。

①保证了IP的价值。目前，以消费者为核心，打造属于作者自身的IP，会是未来文创娱乐创意的核心所在。而在区块链技术的帮助下，文创产业的各个环节都将得到有效整合，流通速度将大大加快，价值创造周期也会缩短，从而实现IP的快速变现——心血作品从文字、影像等快速变现成金钱，这对于创意工作者投入下一阶段的工作无疑是巨大的激励。

在先进技术的辅助下，整个变现过程中的可审计程度、可信度与透明度也会大大加强。

②能对文创产业数字化产生积极作用。区块链下的特别监管方，使行

业自律、政府监管与个体共视联合起来，形成了多层次的信任共识与激励机制。安全验证节点、节点与节点间的平行传播、消费终端制造等基础设施的建设，使文创行业的储存与计算能力大大增强，这将对文创产业全面进入数字化生产、传播时代大有帮助。

③有望解决盗版问题。

文创产业的盗版问题也将有望基于区块链技术的供应链途径获得解决。它通过创作者、权利持有人、销售平台、区块链平台等主要参与者之间的合作，大大促进了可追踪性技术的传播。在技术与生俱来的"严守能力"下，盗版问题将得到巨大改善。而且，这种共享式的数字账本通过记录文创作品的交易、参与者，提供了有关IP的来源、历史流转信息，从而使整个作品的全周期都能更好被跟踪。

由此可见，区块链不仅在抑制盗版上有着突出的作用，更重要的是，该技术能够贯穿文创产业的全产业链，从而实现对创作者与产业的更好保护。

5.3 区块链+文创的四大落地方面

区块链在文创产业的应用主要围绕着表6-1中的四个方面展开。

表6-1　区块链在文创产业的应用

产业环节	应用领域	应用模式
内容生产	共创平台	联盟链
内容流通	图片、音乐、电影、文字作品等版权流通	联盟链
内容交易	游戏、版权等交易	联盟链、公有链
内容维权	公证、文件存储	联盟链

下面，我们分开来阐述区块链对这四个方面所产生的影响。

▶区块链+内容生产

如果你创作了一部小说，并将之放在了A网站上，由A网站负责传播推广——最后，你们要如何分成？你会不会担心A网站少报、瞒报具体浏览与购买量？

联合创作类作品本身确权的困难度往往会导致后续利润分成阶段出现巨大矛盾。

区块链技术本身能够实现对共同创作作品的数据跟踪、确认与审计，这将有效减少共享主体间的信息不对称问题，从而实现立足于区块链的创意产业生产、交易与投资。立足于该技术上的平台，也将日渐成为一个人人都能够创作、交易、传播、消费与众筹的信息共享、价值交换平台，比如国内共创平台语戏APP。

"语言cos"又称"语C"，是近年来流行的一种亚文化。它主要是以玩家所喜爱的一些诸如动漫、游戏、小说、影视作品为背景，进行作品自创作。比如，对著名动漫《海贼王》的"语C"，便演绎成为了既有原动漫味道又有玩家自创作内容的新作品。

但一部作品中往往中会有多个角色，特别是像《海贼王》这种时间纬度长的作品，其中人数多达几十甚至是几百个。玩家们演绎的角色不同，最终的作品，便会成为多个人联合创作，如何解决衍生作品畅销后的利润成分问题？

语戏APP便致力于通过区块链技术解决这一问。该平台的创作模式是，创作者在语戏APP中共同创作、整理cosplay、存放、沉淀某一故事或剧本，最终汇总成为一个出色的作品。

当作品成型后，会独家授权给平台。语戏平台会将它们以恰当的价格出售给影视、文化公司，并将收益按着区块链里记录下来的每个人的具体贡献分配给各个参与者。

在该过程中，区块链所起到的作用在于，它取代了依托于各类贴吧、交流平台所需要的人为处理成本，每一个作者都可以上传自己创作的内容，并可以看到他人上传的内容，从而使作品实现更好的同步。基于算法，区块链平台将直接统计每个人在每一部作品中贡献的内容比例。而且，平台本身的不可更改性使共同创作者的利益得到更有效的保护：哪怕某一创作者对他人的作品不甚满意，他也无法删除他人创作的内容，而是必须要与对方协调、沟通后，再视情况展开下一步的创作。

▶ 区块链 + 内容流通

这种联合基于未来文创作品的虚拟市场规则以及区块链的特性，使消费者在无第三方平台信用背书的情况下，有机会参与到内容创作、生产、传播、消费的全部流程之中，最典型的例子当属国内的 Primas 项目。它致力于将区块链应用到数字版权保护领域。该项目的目的是"打造首个版权领域商业化落地的区块链产品"，并希望从根本上颠覆文创领域广泛存在的"洗稿"游戏规则。

该项目的技术核心是内容数字指纹识别。通过密码学与区块链技术，将创作者与作品相关的信息都建立起完整的 DNA 体系。该 DNA 体系包括了图 6-19 中的内容。如此一来，不管此后内容会传播到何处、会被谁改动，都可以根据作品中的 DNA 进行版权确认，从而实现确权、保护版权的目的。

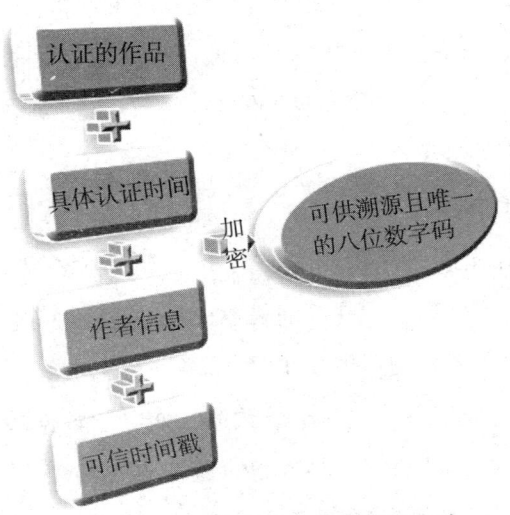

图 6-19　Primas 项目的作品 DNA 体系

在 Primas 项目中，区块链技术所解决的主要是版权登记与公示问题。通过该平台，作品不需要通过中心数据库下的检索对比，只需要直接溯源，就能够确定权利人的最终版。若该项目持续推广至整个文创行业，将大大促进文创作品的交易安全度、透明度，融合现实与虚拟之间的界限，从而为游戏与版权市场带来颠覆性的影响。

▶区块链 + 内容交易

这类平台主要是利用区块链技术，让文创作品的交易、传播过程公开化、透明化。它在保护版权的基础上，消除了出版商与发行商这两大文创中间商，帮助创作者直接在平台上发表、推广或者交易作品。

国内区块链项目亿书便是此类平台的典型代表，该平台可以申请开通自媒体帐号，作者可以直接在平台上创作、发布作品，并基于他们所创造的价值获得合理的回报。

作品爱好者们则可以对他们喜爱的作品进行欣赏、消费与分享，并为此支付一个合理的价格。同时，他们还可以作为流量分发节点，将自己认可的作品分享给其他人。区块链会自动记录下每一个流量分发节点的数据，并且根据这些流量数据，给予作品爱好者们相应的回报。

由于区块链本身是去中心化的，因此所有文创作品的交易记录都是在区块链数百万个节点上。交易本身的同步更新，也使交易与它所产生的价值、相应的资产不可变更。

▶区块链 + 内容维权

如今，大部分文创作品都产生于线上，矛盾也多源于线上非法传播。使用传统的司法方式处理，往往会面临取证难、速度慢等多个问题。

传统司法对线上内容的管理存在两大缺陷：

① 线上交易过程中所产生是电子数据，而电子数据多易变，且带有虚拟性，传统司法往往无法鉴定这些数据的真假。

② 由于网络纠纷数量激增，案件大量积压的情况下，传统司法虽然快速转型，但依然无法适应当下的需求。

利用区块链则可以大大缓解司法系统的压力。区块链不仅能够进行一般性的文件存储，而且智能合约可以通过实时保全的数据，形成有效的证据链，这对于原创者在后续维权有着积极的帮助。有关这一应用，国内最出色的项目就是由微众银行联合广州仲裁委、杭州亦笔科技三方共同搭建起来的"仲裁链"。

其运作模式是，某项业务发生时，区块链会自动记录用户的身份验证结果、业务操作证据的哈希值。当需要仲裁时，后台人员只需要点击一个按键，相应的证据便会传输到相应仲裁机构的仲裁平台上。

仲裁机构在收到数据后，会与区块链节点存储的数据进行校验，确认证据真实、合法有效后，依据网络仲裁规则依法裁决并出具仲裁裁决书。

在该应用中，"仲裁链"充当起了"第三方电子数据存证平台"，满足了真实司法对证据真实性、合法性、关联性的要求，促进了线上内容证据与审判的标准化。

现如今，"仲裁链"已于2018年2月制作了首份区块链裁决书，全面证实了自身的存在价值。

从生产、流通、交易、维权四个具体方面，我们可以看出，当文创产业引入区块链后产生的影响是全面化的。在可以预见的未来里，"区块链＋文创产业"拥有无限的可能性。虽然对于这一潜在变革性还有诸多需要探索的地方，但毫无疑问，它将促使人们所知道的版权法发生彻底变革。

6. 区块链+游戏：让玩家享受前所未有的信任

或许你玩过竞技游戏，但是，你是否玩过区块链竞技游戏？区块链与普通游戏之间的区别又在何处？

6.1 区块链游戏带来的三大改变

在普通网络游戏里，不管是游戏规则、道具还是服务器，都是游戏开发中心提供与建立的，它本质上是一种中心化的运营方式。玩家对于游戏厂商拥有着极强的依赖性，游戏厂商能够随意变动规则、发行道具，玩家的游戏资产附着在服务器，无法随意进行转移。

相比之下，区块链的分布式储存技术所体现出来的去中心化、去信任等多项特点，都可以让参与方在技术层面上建立起信任。

- 解决网络游戏里恼人的外挂问题
- 防止游戏公司将限量道具超发
- 保障场外与跨服交易的安全性

图6-20 区块链改变传统网游

不同于普通网络游戏，因区块链游戏的规则和数据的高度透明且不易更改，玩家可以让自己的数字资产产生价值并自由交易，拥有数字资产的所有权，不再依赖运营商。

▶ 开发者与玩家地位变得平等

区块链技术引入游戏后，会使开发者与玩家的地位变得平衡：开发者或者运营商不再拥有整个游戏数据的控制权，玩家也可以决定自己的资产所有权变动。

玩过传统游戏的人都知道，你能付费、能得到一些体验，但并不能自由地控制自己付费得到的这些虚拟道具类资产。

区块链游戏最明显的一点不同就在于，玩家能够自由地处理自己的财产，他们可以自由买入、卖出自己的虚拟道具，从而得到游戏发展的增值。

▶ 游戏规则变得平衡

在其他方面，区块链还解决了信任问题：在中心化游戏中，玩家对开发商、运营商并不完全信任。从心底来说，很多多年的游戏玩家并不愿意在游戏中消费，因为这种消费与平日的购物、吃饭不同。在传统游戏中，即便你依然是消费者，但是你无法确定游戏世界里存在的各种不可控变数。

想象一下，你由于深爱大型竞技 A 游戏，所以玩了十年之久。为了获得更好的装备，你花费的资金达到了十几万，但某天早上醒来，你的装备被偷走了！你愤怒地找游戏公司客服质问，但他们声称对此无法负责。

更糟糕的是，你一觉醒来，发现 A 游戏无法上线，原来是公司倒闭了，服务器全面关闭！网页上的一纸道歉宣言根本不可能安慰你内心的失望，更何况，你为这款游戏付出了多年的心血。

区块链游戏则不同：游戏商必须要将核心算法放在区块链上，使用智能合约的方式公开。如此一来，当装备被偷时，你就知道是谁偷的；游戏公司倒闭时，你也能知道将得到什么样的补偿。

这是一个解决了玩家与玩家之间、玩家与游戏开发商之间公平性的问题，而这些在传统游戏模式下是不太可能达成的。

▶匿名玩家也可获得相应声誉与信任

匿名声誉非常重要，比如说，资深玩家往往会比一般玩家拥有更高的声誉，这是因为与现实交往一样，人们希望自己在游戏中与人组团打怪时遇到的，也是可以"托付性命之人"。但你在 A 游戏中的声誉，并不能引申到 B 游戏中。

区块链游戏则实现了这一点：你可以在某些游戏活动中建立声誉，而这些声誉在其他不同类型的游戏中同样适用——如果你在《使命召唤》中拥有良好的信誉度，那么，区块链技术会将这些信誉度存在类似于"玩家游戏信誉档案"的区块中。当你来到另一个游戏《星际传奇》中时，这一信誉度也是同样适用的——这将帮助你更快在新游戏中找到同伴。

6.2 真正的区块链游戏是什么样的？

2018 年 2 月份，在 Twitter 上最受欢迎的区块链游戏 Crypto Vigilante 宣告关停；火爆了好几年的以太坊养猫项目 Cryptokitties，一直处于发展停滞状态；国内区块链游戏青蛙 dog、乐狗云等区块链游戏项目则纷纷爆出倒闭、关停的消息。第一批区块链游戏产品与团队的倒下，并不仅仅是因为现阶段游戏制作技术水平未能吸引游戏玩家。

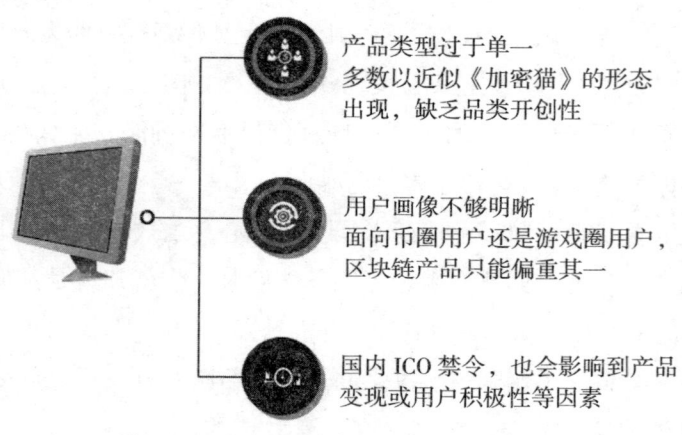

产品类型过于单一
多数以近似《加密猫》的形态出现，缺乏品类开创性

用户画像不够明晰
面向币圈用户还是游戏圈用户，区块链产品只能偏重其一

国内 ICO 禁令，也会影响到产品变现或用户积极性等因素

图6-21 区块链+游戏试水未成功的原因

其实，从技术层面与"游戏"这一领域本身的特点来说，真正的区块链游戏应兼备以下三点：

①以区块链技术为支撑。只有将区块链技术真正地运用到传统游戏中去，这款游戏才能被称为是"区块链游戏"。否则，便是挂区块链的名声行传统游戏之实了。

②拥有相当的游戏性。区块链游戏本质上也是游戏，其最终目的就是让玩家娱乐，让玩家在玩游戏时感受到愉悦感。这一点，目前的区块链游戏还存在极大不足：大部分区块链游戏的投机性远超过游戏本身的娱乐性。

③拥有经济价值。这也是区块链游戏与普通游戏最根本的区别：区块链游戏本身也是需要投资者的，因此，它必须要让投资者、玩家通过多种途径获得实际的经济效益。比如，现在某些区块链游戏已经将"挖矿"的原理引入了游戏中，使玩家能够在享受游戏乐趣的同时，还能通过挖矿获得实际的收益。

虽然眼下区块链游戏的相关技术还未发展成熟，但是，两者充分结合后，必然会对传统游戏产生巨大冲击。

6.3　未来游戏的发展走向

虽然眼下区块链游戏项目远未成熟，但基于已经发布的白皮书或者已出现的实例，我们可以看到，"区块链 + 游戏"正在努力展开对旧游戏模式的全面革命。

▶追求特色 DLC/ 其他玩家专属内容

过往，区块链游戏项目往往像 Cryptokitties 一样，以养宠物为主要设计，这种设计方向本身就不能吸引大量玩家。不过，在 Cryptokitties 类游戏里强调宠物"唯一性"与"用户专属"（即该宠物完全属于用户）的特性，再设计后可以成为吸引游戏用户的特质。

在 2018 年 2 月，欧美娱乐大厂育碧便宣布进军区块链项目。在育碧高管看来，区块链能够使用户拥有独一无二的数字收藏品，它们无法复制，且100%归用户所有。因此，该公司决定基于区块链，探索可下载内容与数字财产保护类应用。

育碧的见解其实源自于他们对现有游戏的反推：《星链：阿特拉斯之战》是其旗下一款成功的游戏。游戏中的飞船由玩家根据现实世界的模型创造，每一艘飞船都具有唯一性并且能体现到游戏中。

对于自己付出了心血设计出来的飞船，玩家们自然珍视不已，而借助于区块链技术，玩家们还可以拥有更多的自主创造空间。其实，这一需求在其他如《星链》玩家专属类游戏中（图6-22）都有极大的应用前景。

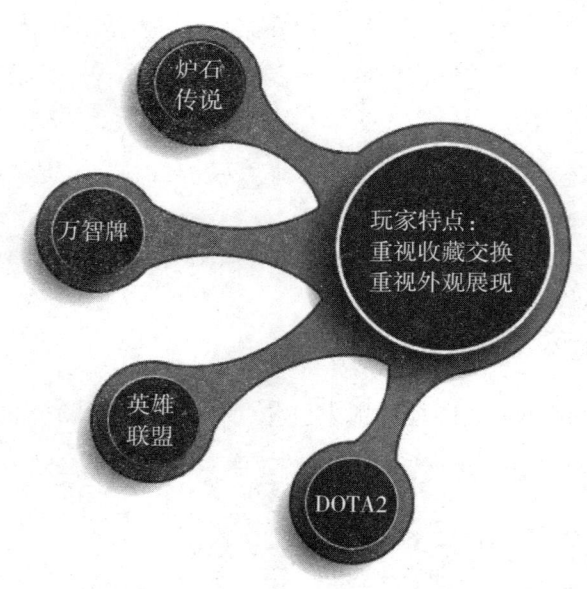

图6-22 玩家专属内容类网游代表

从这样的游戏需求去反推，区块链宠物类游戏也有相当大的发展空间：若实现玩家绑定，势必会改变现有区块链游戏的发展——想象一下：在技术升级的前提下，你将在虚拟到真实的《魔兽世界》里，驯养一条其他人都没有的龙，这样的宠物听起来是不是很诱人？

▶ 优化棋牌、答题等品类游戏的信任机制

棋牌游戏历史悠久，但是，这一游戏类型与2017年开始兴起的答题游戏，都面临着相同的问题：用户对于运营方的信任问题。

邀请我的好友是真人还是AI？

运营方所说的，答对所有题后可瓜分100万奖金池，是不是真的？

是多少人来分？

……

这些都是游戏玩家们关心的问题。

区块链技术中的智能合约与去中介化对于解决这一信任问题有着积极的作用：若运营方可以将涉及到上述内容的数据上链，玩家便可以看到，到底是10人分100万奖金，还是10万人分，运营方的宣传是不是噱头。而智能合约的提前设定，也会让游戏规则与奖金在达到标准以后强制执行。

一旦做到这些信息的透明，将成为博彩、答题类产品最重要的卖点。

▶ 扩展玩家数字资产交易平台

一直以来，各个游戏中的游戏资产都是封闭、独立状态的，像腾讯Q币、游戏装备等虚拟资产，虽然都拥有一定的通用性，但它们都仅限于自家产品矩阵，玩家间的交易行为也相对受限。

市场上也有一些独立于游戏的外部游戏资产交易平台，但这些平台多存在漏洞，时不时有"买家用黑卡付款"、"卖家卖出道具后又通过游戏溯源功能要回"等手段的欺诈出现，

此外，虽然眼下多数国家的法律都认可并保护游戏中的虚拟资产，但游戏资产是否值钱依然依赖该游戏是否存在。遇到像网游关服一样的特殊情况，用户的虚拟资产很可能会变得一钱不值。

区块链技术的出现则有望改变这种虚拟资产流通与交易受限的局面。通过区块链，数字道具将有机会转换为数字货币等加密资产，这将大大降低玩家的交易风险与交易门槛。同时游戏与游戏之间也有望达成合作，使

玩家的交易不再局限于单一游戏或平台内。

我们已经看到，哪怕是已经火了几年的Cryptokitties，也因为其游戏性的匮乏导致了衰减，而诸多区块链游戏的退市也证明了这一阶段的"区块链游戏+"对真正的游戏玩家不具备吸引力。

但是，从刚刚提及的三个发展方向中我们也可以看到，若配合游戏场景的升级，再搭配区块链本身的信息机制与智能合约来搭建平台，或许未来区块链游戏将更容易生存。

第七章
除了文化，
一切都能外包的新管理

公司、股份这些现代商业组织形式从英国东印度公司发展到现在，不过有百年历史而已。当这样一个历史不算悠久的组织形态遭遇冲击力强大的新科技，其所发生的改变同样值得期待。我们可以预想到，当区块链与公司结合后，组织结构会改变，但提升效率、降低成本的目标却始终一致。

1. 以文化为基底的新公司

业务外包如今早已是公司经营中的常态，从商业社会的本质来说，这是极度竞争的必然产物。像耐克、可口可乐这样的生产性公司，其生产业务链其实已经实现了完全性的外包，剩余的核心竞争力只有营销与品牌了。当区块链技术引入公司经营以后，情况会变得更让人意想不到，很可能在发展到高纯度以后，除了文化，一切都是处于外包状态的。

▶ 哪怕公司引入区块链，同样有内容不可外包

我们的世界已经日渐呈现扁平状态，从表面上看，几乎每一个组织都有正在外包的内容。但经营理智派们认为，不管区块链进展到哪种程度，都一定会有经营内容是必须要由自己的公司来处理的。这些不能外包的内容，主要围绕着公司文化展开。

◆ 文化主调

你无法让外包公司认可耐克的企业文化。事实上，是耐克的员工们驱动与决定了耐克"Just do it"的追求，他们会着重于通过设计实现产品的个性化，从而帮助普通人拥有与专业运动员一样的洒脱与自由。

◆ 梯队规划

一个有效的团队必须要对组织抱有远景性规划。外包过程中，其他公司的视角的确会提供一定的帮助，但是，只有你自己的团队可以决定何时该采用哪种策略前进。

◆ 解雇与雇佣管理人员

区块链公司依然需要管理者，而对于这些直接左右公司未来展走向的角色，不管你要雇佣还是解雇他们，都必须要面对面进行，否则，你便无法了解到底是什么让他能/不能在公司中待下去，你也将对公司中潜在的机

遇与危险一无所知。

有不能外包的文化，便有可以外包的项目。未来这些项目很可能会先从税务、福利、绩效管理开始，被分布式自治组织（DAO）彻底交给第三方。

◆ 税务

熟悉税务工作的人可能会知道，为了适应市场变化，法律条规其实每年都有变动，由公司雇佣的财务人员根本不可能彻底地跟上这些变化。但现实又是如此讽刺：一旦你不了解变化，一旦操作失误，由此产生的罚金又非常昂贵——如果你在多个国家都有经营业务的话，那么，这一危险性会呈现指数级增加。

◆ 员工福利

就如同税务一样，它在各个国家的标准各有不同，而且也时时会有变动，再加上如今很多国家都有为员工发声的工会组织，因此，员工福利也是公司必须要考虑到的重要内容。它的确不属于你公司的经营与盈利范围，但却左右着公司的走向。

另一方面，由于与员工/工会进行福利问题协调的人员往往必须是高层管理者，每年都在医疗计划、退休金设定等问题上浪费时间，这无疑会耗损高级管理层对于核心业务的关注程度。

◆ 绩效管理

一项来自于耶鲁大学管理学院的研究表明，当公司总体战略与员工个人发展目标紧密相联时，员工的绩效表现与公司的经营业绩皆会有显著增加。

不过，传统管理过程中，我们的考核往往是以月、季度、年为单位展开的，这种考核更侧重于历史的回顾，而且并不一定能保证雇员的工作表现与员工的目标、宗旨相一致。

此时，第三方的介入有一定的帮助：专业的绩效考核公司可以提取出公司的主要目标，并采用最先进的流程和系统，将它与公司里的每一位同事都串联起来，同时又能保证这些目标都满足目标管理的 SMART 原则（图 7–1）。

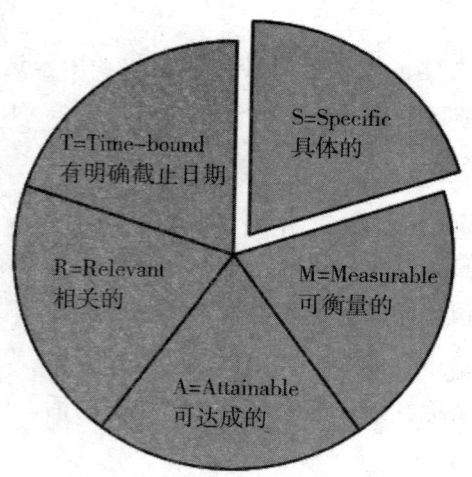

图7-1 目标管理中的SMART原则

对比这些目标，我们会发现，企业文化是无法使用目标管理来衡量的，但它对公司管理又如此重要，因此，它很难外包给第三方。

当我们意识到这些以文化为中心、不可外包的项目真实存在后，我们便更能理解，为什么区块链公司中依然需要以管理层、人才为代表的中坚力量的存在。

▶ 管理层决定着公司的发展方向

在20世纪末期时，著名企业家杰克·韦尔奇带领美国通用电气（GE）实现了令人赞叹的增长。而他完成这一壮举的关键就在于，他改进了管理模式，并使世界意识到，未来还存在着这样一种经营方式：世界便是企业的人力资源部与研发部。

表7-1 通用管理模式要义

在通用集团内，这种模式的要义包括以下内容：
◆ 群策群力，而非官僚主义；
◆ 倡导信息分享，而非霸占；
◆ 打通不同部门，保证信息透明；
◆ 打破性别和种族樊篱；
◆ 给予每个人驱动力，"每天发现一个更好的办法"；
◆ 通过股票期权计划进一步推动分享理念。
它们共同推动着通用成为全球化领先的大型公司。

| 第七章　除了文化，一切都能外包的新管理 |

在通用成功以后，全球各大企业纷纷引入该模式，并依据于自身的经营方式与经营范围进行了个性化的改善。比如搜索引擎巨头谷歌在运用过程中，便将这些方法侧重在"如何激发个人创造力"上。

这种经营模式其实是管理理论中的"无边界化管理"。总的来说，当公司引入区块链后，未来这种"无边界化"会越来越明显，但它主要体现在机构与个体间的边界日渐模糊上：公司、供应商、顾问、顾客、同行业竞争者、其他从业者间出现了越来越多的重叠。

但围绕着经营，"公司"这种组织形式依然会继续存在，这是因为，与开放、不可控的自由市场相比，在公司内部展开搜索、合约管理，进行任务协调与建立信任机制相对更容易、成本更低。区块链引入后所变化的只是公司的定义：未来，公司可能会发展成为围绕着项目达成合作的商业实体。在这种商业实体中，个人与组织将进行更灵活的合作。

而对于不可外包的项目，一定的管理组织也会有存在的必要性：公司的合作方式再自由，它也需要考虑自身的竞争优势在何处。因此，理论上来说，区块链的作用在于，在它的帮助下，公司将能够更有效地利用外部资源，提升自身的经济效益。但像公司文化、经营方向的确定等与竞争力直接相关的经营活动，区块链并不能"代劳"。

最典型的例子就是苹果、三星、戴尔、惠普与IBM一类的电子设备公司：表面上来看，此类公司的主要任务是制造电脑，但它们早已将制造活动中的大部分内容外包给了中国、印度等国的电子产品制造服务公司。因此，对这些公司来说，一定有比"制造电脑"更重要的任务是无法外包的。

这些任务是什么？很显然，是通过大数据与独特设计来保证公司的独立性与竞争力——苹果永远不会将有关顾客的大数据收集、分析工作交给他人，更不会将下一代iPhone的设计任务拱手相让，三星也一样。这些是它们在消费者眼中保持独特性的关键，也是它们真正的核心任务。

这也是现阶段所有新科技的局限所在：哪怕互联网、人工智能、区块链所预期的未来很美好，但它们终归是冰冷的技术，而技术是无法帮助公司决定哪些才是公司的核心业务，哪些是公司必须要固守的竞争优势的。技术只能变成辅助：帮助人们更好地参与公司的核心业务，帮助公司更好地保护自己的竞争优势。

因此，哪怕区块链技术引入了公司经营，"公司"也并不会变成"自由职业国"，人们永远不能在公司的边界之外工作。身为个体，我们依然需要由组织承担协调机制。只不过，在区块链技术引入公司后，我们可能会因为新团队协作模式的出现而变得更有工作自主性。

2. 公司新框架：分布式自主运作企业

传统金字塔模式的组织框架中，因为企业管理的层级过多，内部成员往往会耗费大量的成本来进行沟通与协调。一项来自于著名咨询公司麦肯锡的调查发现，职场中人平均每日工作 8 小时，只有不到 3 小时是在做自己的本职工作。

也就是说，每个人仅有不到 30% 的实际工作时间，而其他时间都被各种开会、邮件、同事的打扰等事情所占据。这种因"非本职工作"产生的耗损，往往是因为团队协作中需要与其他成员同步进度、分配任务、沟通交流导致的。而且，团队或公司规模越大、管理层级越多，这种磨损就越严重，团队工作效率便越低下——这就是管理界中的"尾大不掉"难题。

管理层级过多，使个人工作效率低下，同时也令企业在应对市场变化、技术革新时缺乏弹性。而互联网技术的推广使金字塔式的高长型组织结构向着扁平化组织结构逐渐进化。

▶ 两种组织结构

传统型组织结构（图 7-2）往往在拥有一定规模的企业中更常见。这种组织结构有很多管理层次，每一个层次上的管理者所能控制的幅度较小。它虽然有利于企业内部的控制，但对市场变化反应较慢。

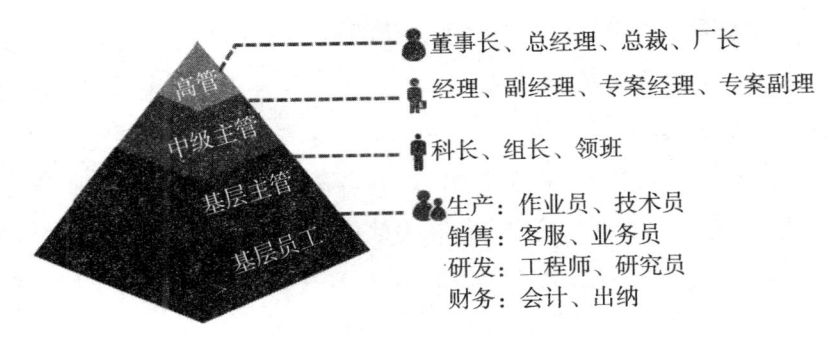

图7-2 传统型组织结构

相比之下，扁平型组织结构（图7-3）则涉及了层次较少的内部管理层，在每一个层次上，管理人员所能控制的幅度都较宽。这种结构最大的好处就在于，它能够及时对各种变化做出相应反应。

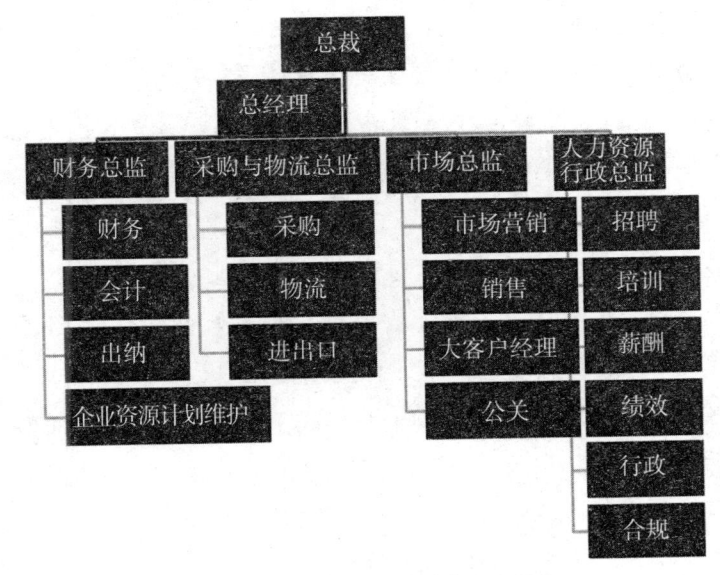

图7-3 扁平型组织结构（办公室区）

从实际情况来看，当企业拥有1000名员工时，管理层次一般分为7个。若某公司有7个或7个以上的管理层，即为传统型结构。若在拥有1000名员工的企业中仅有3个管理层次，那它便是扁平型组织结构。

组织结构从传统的高长型转向现代化的扁平化，表面上是组织结构与层级的改变，但实际上却是更深层的交易成本与信任成本的降低。不过，虽然扁平化式发展对组织结构是一种进步，但它并没有从本质上消灭层级。处于"上通下达"位置的中层管理者依然有可能在重要事件上欺骗最高管理者。如此一来，内部的沟通成本与相关信任问题并未彻底得到解决。

相比之下，去中心化组织却可以避免这种信任与沟通成本。

▶DAO，建立起海星式智能组织

传统组织就如同普通生物一样，其智力集中在大脑，只要你将它的头部去掉，它便会死亡。相比之下，去中心化的组织就像海星一样：因为海星本身就没有头，它的智能分布在身体每一个地方。一旦你将它身体的一部分打掉，那个部分甚至有可能自己再长成另一个独立的海星——因此，杀死海星比杀死蜘蛛更困难。

18世纪初，西班牙人在入侵南美洲时，非常轻易便征服了阿兹特克帝国与印加帝国。这是因为，这两大帝国当时都属于普通生物式传统组织结构之下——其权力集中在统治者手中，一旦中央政府倒下，国家立即崩溃。

但当西班牙人到达北美洲时，却遭遇了重大挫折：它遇到了看似落后，但是明显去中心化的阿帕奇族。阿帕奇族最典型的特征就是，它没有统一的领导人，各个部落在政治上只是一个非常松散的联盟。其部落中为族人所尊重的英雄也并不具备指挥权，他们只是在战斗中作为榜样，在精神层面上感召他人。这样一来，就算有几个部落被击溃了，剩余的部落依然可以继续战斗，传统战斗智慧中的"擒贼先擒王"根本没有用武之地。

这一去中心化的结果就是，当时在全球领域内战无不胜的白人，不得不花费了几百年的时间去征服阿帕奇族。

这种海星式的组织在区块链技术的推动下，在现代组织中也有出现：这种分布式的组织没有单一的领导者，理论上来说，只要有互联网连接，它就可以存在。它的名字叫"DAO"（Distributed Autonomous Organization），即"分布式自治组织"。

▶DAO 是可自主运作的组织形式

这是一种新型的实体组织，其运作是通过一系列公开、公正的规则进行的。它可以在无人干预与管理的情况下，实现组织的自主运作。这些提前设定好的规则往往是以开源软件的形式出现的，每一个人都能够通过购买该组织的股份权益，或者通过提供服务的形式，成为该组织的参与者。

我们之所以将 DAO 视为是超越了传统管理框架的新存在，是因为在它的组织结构中所有人的存在都是平等的，大家拥有相同的权利与义务。当你决定加入到某个 DAO 组织中时，你会发现，它早已设定好了规则，每一个参与者都需要为了组织的正常运作贡献智慧。

从某种角度来说，DAO 就如同一个全自动的机器人，当其全部的程序设定完成以后，它便会按着既定的规则开始运作——这一既定的规则被上传至区块链后，变成了组织内的智能合约。依据我们对智能合约的了解，在公司管理过程中，智能合约也将执行其自动管理的职能：依据之前设定的规则，判断某个成员的工作是否按质、按量、按时完成，若有违约行为要如何处理。

与传统组织形式不同的是，DAO 在运作过程中，还可以根据实际情况不断地自我维护、自动升级。这就意味着它具备了进化智能的组织形式：它能够通过不断的自我完善来适应自己周围的环境。

很显然，这是一种全新的机构形态，甚至可能是未来互联网时代组织形态的雏形，不受任何个人的控制，但是却有明确的发展目标，并能够通过既定的目标实现自我进化与发展。

3. 海星式自成长组织

我们可以从比特币与以太坊的经营过程中看出 DAO 的特点：它们中绝大多数的规则都是公开透明的，比如数量上限、竞争记账的共识方式与规则等。

从某种程度上，我们可以将它看成是一个没有人控制的支付机构，每一个拥有比特币/以太币的人，都是该机构的股东，而那些矿工与开发者们也通过贡献自己的服务成为了该机构的参与者。

当这一机构被越来越多的人需要的时候，他们所持有的股份权益便会增值。增值以后，他们就能分享机构的收益，参与到机构的成长过程中去。

事实上，DAO 拥有非常广泛的形态，它可以是比特币/以太币这种数字货币，也可以是一个系统或者机构，甚至可以是一台无人驾驶的汽车——重在点于，它将为客户提供有价值的服务（图7-4）。

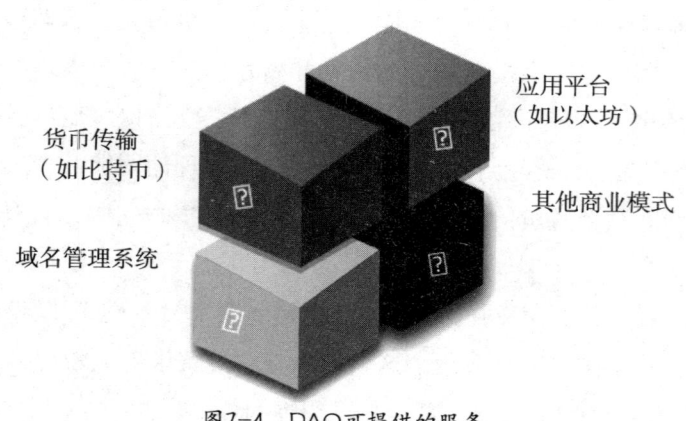

图7-4 DAO可提供的服务

当 DAO 表现为商业模式时，它更像是特定机构的股票，而不是单一形式的货币。

每一个 DAO 都拥有自己的条款与条件。最典型的条款就是，如果你参与到了某一 DAO 项目中去，那么，你将永远有权利查看你拥有的、可支配的数字货币形式的 DAO 股份。当 DAO 项目盈利时，你也将获得相应的股息——当然，你也有可能因此而赔钱。

▶ 运营方式的新颖

世界上是否已经出现 DAO 概念下运营的公司？事实上，在美国，作为全球首个 DAO 公司，Consen Systems（以下简述为"ConsenSys"）已经在

2015 年 7 月成立，并成功地运营着。

仅从组织框架上来说，ConsenSys 是全球范围内最早尝试基于以太坊的应用程序。其创始人约瑟夫·卢宾认为，在区块链技术下，未来像 ConsenSys 这样的公司会越来越多，而区块链技术可以帮助实现包括治理、日常运营、项目管理、软件开发和测试、雇佣和外包、补偿和资助等在内的所有内容。

可以说，这些能力的实现，使一个公司的边界变得模糊了起来，而我们也可以从中看出，在 DAO 式生态系统中，成员们可以通过就战略、架构、资本、表现和治理达成共识，并创建自己的分支项目，实现新的 DAO 组织再建——这就像海星的再生模式一样：一小部分的身体，还可以再重生成新的海星。

这一形式有些类似于依托于国内海尔创业平台发展的小微企业：它们借助海尔的市场资源及全球供应链能力去发展与创业。在这一平台上，海尔变成了一个用户入口，参与者都可以通过海尔已有的供应链、物流、渠道等资源，实现自身更好的发展。

不过，DAO 式组织与海尔创业平台并不一样：创业平台再怎样扩大化，它依然有"海尔"这一中心化枢纽存在。但 ConsenSys 式 DAO 组织则是一个运行在去中心化的全球计算底层的大规模智力集合，其中的人类/软件参与者都能够各自执行自己的特定任务，也能够在自由竞争的大市场环境中展开合作与竞争。这种大型协作明显可以改变未来的公司架构。

▶DAO 的运营

不过，不同 DAO 的运营并非采用同一个模式。就像实际过程中的公司操作一样，DAO 在不同的组织中也会有相应的变化。

从现实运营角度来看，想要将传统组织进化成 DAO 组织，我们需要一步步按步骤展开：一个 DAO 的进化，每一个步骤的成功，都是建立在上一阶段的功能之上的（图 7–5）。

① 参与：用户自愿与独立地参与到一个松散的任务里去；

②协作：用户进行协作，为目标项目增加价值；

③合作：用户期望获得一些共享收益；

④进行分布式传播：通过在更大网络上进行增加/繁殖，开始上述功能的传播；

⑤去中心化：通过向边缘注入更多力量，实现进一步的可扩展性；

⑥自治：区块链的特征以及不断进步的人工智能与人工智能算法，将提供可维持的运作与价值创造。

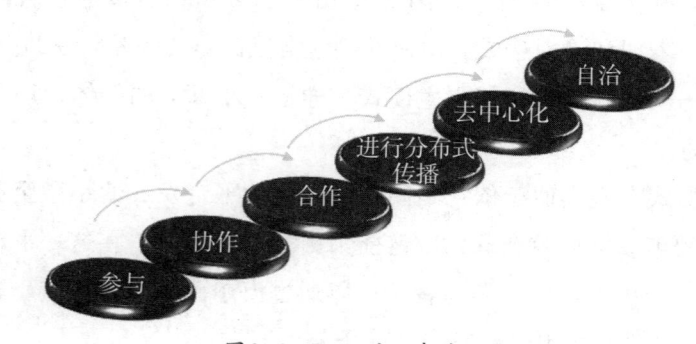

图7-5 DAO的六步进化

在其运营中，六个相互关联的部分是互相影响的（图7-6）。

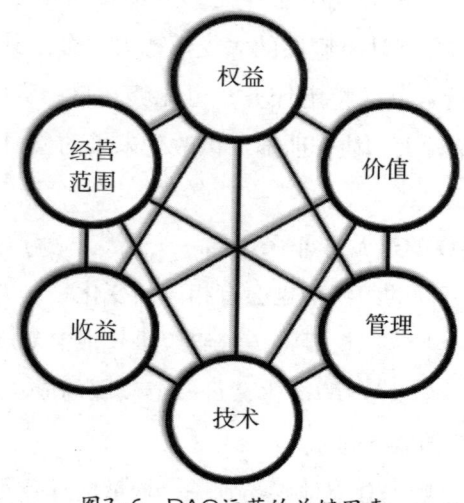

图7-6 DAO运营的关键因素

第七章 除了文化，一切都能外包的新管理

对于希望参与某一 DAO 项目建设，或者期望通过该项目盈利的人来说，应该关注这六个部分中的下述内容。

◆ 该 DAO 的经营范围如何

用户始终应该是 DAO 式组织进化的核心所在，因此，其基础架构应该支持用户的行动。值得注意的是，参与／协作／合作等功能，都是基于用户的，而分布式／去中心化／自治是基于架构的。

◆ 如何获得所有权权益

如果你想参与到一个 DAO 中去，可以通过图 7-7 中的三种方式来进行：

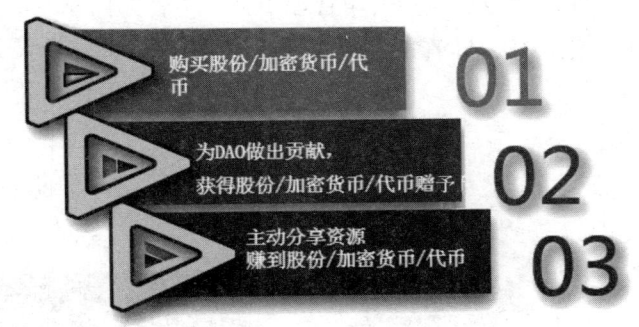

01 购买股份/加密货币/代币

02 为DAO做出贡献，获得股份/加密货币/代币赠予

03 主动分享资源，赚到股份/加密货币/代币

图7-7 从DAO中获益的三种方式

从 DAO 中赚取自己想要的东西是一件很有意思的事，因为它包括了主动赚取与被动赚取。主动赚取股份最好的方法是，参与到某一区块链项目的"赏金计划"中去，比如，帮忙找漏洞、开发软件，或者提供该 DAO 项目所需要的其他服务。

被动赚取股份的典型例子则是，与该 DAO 项目分享你的资源，比如，分享你电脑的算力、硬盘甚至是你的数据。

◆ 价值单位

当你成为 DAO 项目的股东后，你从 DAO 中获取收益的方式也会有很多。除了原有的股份能够为你创造收入，你还可以通过项目中的积分、代币、奖品或者密码学货币等获得收益。

值得一提的是，区块链中的代币其实可以有多重目的，它们可以代表

203

产品的使用权，也可以代表与某些内在价值相关的所有权。因此，如果该 DAO 项目所采用的是代币式价值支付，你需要提前了解它的真实用途，并依据于此来判断自己是否真的要投资。

◆ 管理是否透明

对于 DAO 公司来说，摸索着前进并不是一件容易的事情，但这是它必须要做到的。

DAO 公司的自治并不意味着毫无管理可言，因此，你需要思考，在该公司中构成管理的各个部分是否合规。最典型的问题是，股东是否能如图 7-8 所示，主动或被动地参与到公司管理中去？不管如何，它必须要体现出区块链的去中心化特征，即管理必须要透明。

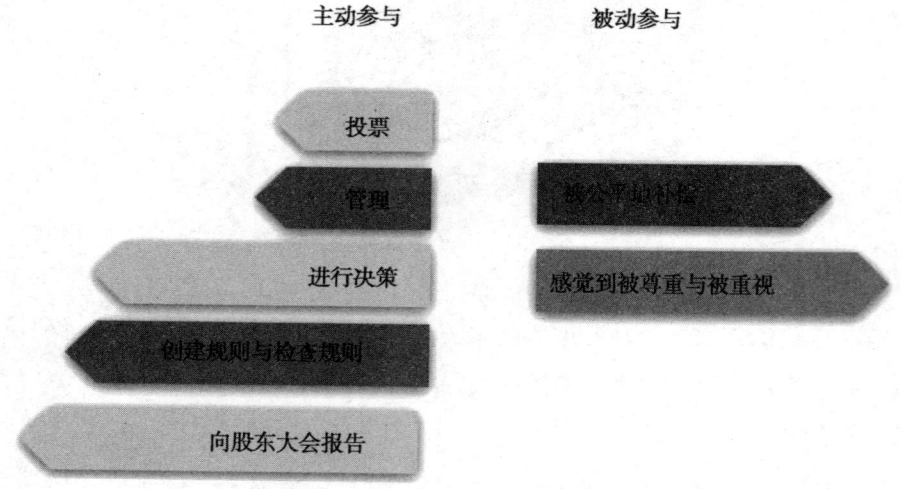

主动参与　　　　　　　　被动参与

- 投票
- 管理
- 进行决策
- 创建规则与检查规则
- 向股东大会报告

- 被公平地补偿
- 感觉到被尊重与被重视

图7-8　股东参与DAO的方式

◆ 收益是否能够持续增值

在传统公司中，我们会按利润分享或者分红的形式对公司利润进行重新分配。不过，在 DAO 组织中，这些好处并不见得会以利润、分红等传统金钱模式体现，它们也可以是包括与组织发展方向相关的重要投票权在内的某一项具体权利，或者是被授予某一特殊的地位。

不过，最终，这些都会以加密货币的形式实现内部资产的增值，从而实现价值增长。

◆ 是否能让密码学技术发挥作用

区块链在基于密码学货币的协议/平台下，开源去中心化的共识与去中心化信任协议，使所有的交易与智能程序都实现了不可篡改、可验证性以及精确性。

这些协议可以像比特币、以太坊一样，是为通用目标而设计的，也可以是为了实现去中心化的运输、存储等特定目标而设计的。站在这些目的的基础上，这些技术平台会实现图7-9中的内容。

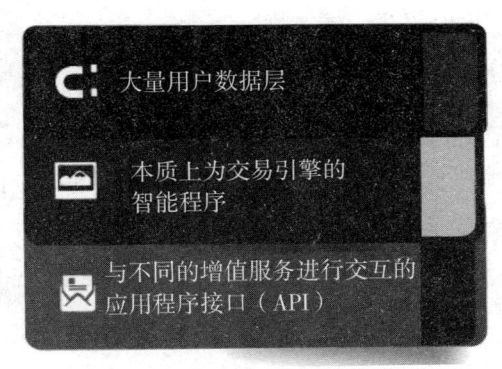

大量用户数据层

本质上为交易引擎的
智能程序

与不同的增值服务进行交互的
应用程序接口（API）

图7-9　DAO平台三大价值内容

不具备价值的DAO公司本身就是一种失败，它必然会走向失败。一个DAO的关键目标在于价值创造，为了实现这一点，公司经营都需要依据两个目的展开：增加该DAO的整体价值和促进该DAO内的加密货币价值上升，而它们不仅是最需要企业家发挥创造性才能的地方，同时也是商业模式形成、发展的最初出发地。

4. 新式协同工作：当上下级关系变得透明

有关DAO，我们也需要明白这样一个现实：眼下，许多DAO只是处于初级阶段，它们往往以预售的模式出现。预售的成功，并不意味着该DAO组织最终会成功。一个新的DAO就如同一个创业公司一样，在得到市场认可以前，始终处于验证阶段。

而且，传统企业并不能立即过渡到DAO中去，它同样是一个循序渐进的过程，这便涉及到了DAC/DAO的纯度问题：一个公司在刚开始时，可以只有20%是DAC模式；随后，再渐渐地将这一比例增加至40%、60%……

不过，不管当下组织内的DAO纯度有多高，一个合格的DAO中，必然如同ConsenSys一样，体现出管理方式上的全面变革。

▶ConsenSys：去层级化的管理结构

ConsenSys联合创始人约瑟夫·卢宾认为，只有舍弃那种基于命令与控制的层级化结构，才能够充分调动起员工参与的积极性，"我们身处一个全民参与的网络时代里，在区块链的世界中，人们可以在十分钟甚至是十秒内便就已发生的事实达成共识，并作出决定。显然，这为实现一个更有自主权的社会提供了机会。在这个社会中，人们的参与程度越高，社会的繁荣度便越高。"

ConsenSys便是按着这样的方式运作的：它所有的行动都会按着所有雇员/成员的开发、改进进行，并在最终展开投票决定项目如何走向。

与层级化架构最不一样的地方在于，这种架构在ConsenSys中被定义为"枢纽"，其中每一个项目就如同一个车轮上的辐条一样，做出主要贡献者会拥有大部分的权益。

如果你是ConsenSys的成员，你会发现自己没有上司，没有人给你下达今天要完成什么工作的命令，你可以自主选择工作。你可以与其他成员一起共享包括软件在内的资源，同时，你们之间也会通过各种各样开放式的沟通方式展开协作。

按照约瑟夫的说法，一个成员可以同时在2～5个项目中承担不同的工作。这就意味着，如果你看到某个项目中有你可以帮忙的地方，就算手头已有工作，你也可以参与进去，并根据自己的能力，担任起恰当的角色，从而驱动项目向着更有价值的方向发展。

不过，就如传统工作中的项目一样，在 DAO 中，项目复杂程度并不会下降，甚至还会因为有大量技术手段的参与而变得更复杂，这就对个人能力提出了全面考验：你必须要依据于个人真实的工作技能、所拥有的时间以及手头项目进行有效的协调。

▶ 新型关系中的组织协作更良好

正如我们在"囚徒困境"中说的那样，传统组织内部沟通成本极大。员工与组织对利益、目标的理解往往并不完全一致，甚至有可能因为角度与角色的不同而出现较大差异，若再加上组织内沟通途径不够有效，激励机制设计不科学的话，上下级在协作共事时便会摩擦不断、效率低下。

但在区块链式 DAO 中，往往会实现不同节点之间的资源共享、相互信任，而分布式记账与智能合约的存在也会使原本呈现为层级状态的同事关系，转变成一种平等的合作伙伴关系。

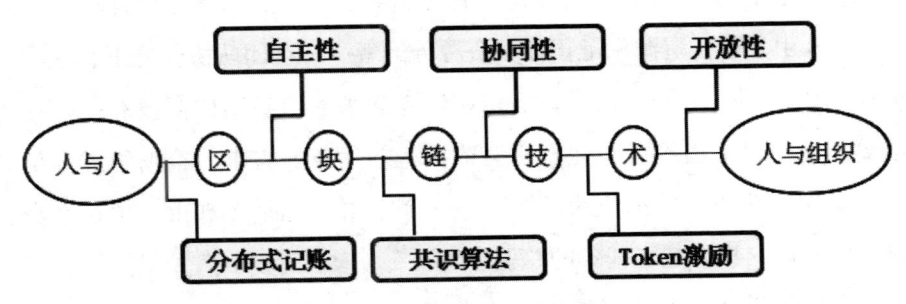

图7-10　DAO内的新式伙伴关系

此类新式伙伴关系不同于传统的外部雇佣与内部管理关系，在新伙伴关系中，员工与员工、员工与组织间的协作关系主要体现为以下几点：

◆ 员工自主性更强

在自己所主导的事务中，每一个人都拥有相对独立的决策权。由员工为主要参与对象的信息沟通与业务来往将不再由行政关系决定，而是依据双赢、平等与自愿的原则，实现人与人、人与组织间的优势互补、资源交换。

◆ 团队协同性更强

由于利益互补关系已形成，在智能合约与Token激励机制共同作用的情况下，组织内每一个节点都可以根据自己的资源优势与才能资质，有效地降低沟通成本、摩擦成本与交易成本，进而产生强大的协同效应。

同时，奖励的多少是由个人在项目中的贡献度所决定的，这种兼具了股权、物权与货币属性的Token，使系统节点与节点间的利益性与协同性更趋向于一致，而不是产生分歧。

◆ 企业更开放

DAO的发展虽然是循序渐进的，但企业永远以逐利为目的，因此，占领市场、开发技术、实现资产交换永远是企业的基本动力。在DAO内，永远以利益最大化保持着开放管理模式。

比如，眼下，大家为了攻克科技难关而组建了新的团队，你由于拥有技能优势，担任暂时的总任务设计者与引导者，A因为精通设计软件担任助手，B由于擅长资源调配担任了资源分配者……在团队协作之下，该项目迅速完成，那么依据于该项目需求所建立起来的组织结构便没有了存在的必要。新的目标出现后，大家又会依据于新任务的需求，重新组成内部结构——你在新任务中担任的可能只是一个小角色，而A却由于项目本身就是程序设计，担任起了任务的总引导者。

由此来看，DAO内的组织结构与管理过程都呈现出了动态平衡与持续开放的状态。相比于传统的组织结构，很显然，前者通过革新组织结构与管理模式，使企业拥有更高效能，从而建立起看似松散实际上更有创造力与活力的管理体系。

5. 立足Token，改善传统激励模式

在当前环境下，以人工智能、区块链、大数据等为代表的科技，使社会生产力获得了极大的发展。生产力在不断发展的同时往往会又促成生产关系的变革。如果我们非要将这些新技术所产生的问题进行一个定位的话，我们可以看到，人工智能、大数据着力于解决生产力问题，而区块链则更倾向于重塑生产关系。

最能证明这一点的就是它所引发的传统激励模式的改变。

5.1 "囚徒困境"：信任机制的隐患

了解Token带来的全新激励以前，我们必须要先了解一下传统管理模式中的"囚徒困境"。

西方经济学中常常会提及"囚徒困境"：在一桩合作犯罪案件中，为了减轻自己有可能受到的制裁，两个被分别关押的囚徒都在思考，自己到底是要招供还是不招供。

他们在利益上的博弈可以从下述方面看出。

表7-2 囚徒困境博弈矩阵

		囚犯乙	
		不招供 （考虑到对方利益）	招供 （只考虑自己利益）
囚犯甲	招供 （只考虑自己利益）	判刑五年	甲判刑十年，乙判刑一年
	不招供 （考虑到对方利益）	甲判刑一年，乙判刑十年	两人皆判刑三个月

"囚徒困境"中反映的其实是两个自由意志间的关联性：两个独立的个体能够自行选择影响到双方的策略。而管理者与员工在"囚徒"式的困境中，激励与约束就相当于双方的态度。

如果仅从员工角度来看"约束"与"激励"的话，我们会发现，员工总是希望约束越少越好（因为这意味着个人自由增加），激励越多越好（意味着个人收入增加），这样一来，自己的利益就会最大化。

从企业角度考虑则恰恰相反，企业总是希望约束多一些（避免员工把事情做坏做差），激励少一些（避免额外的成本支出）。

我们可以想象一下制造型企业对流水线工人的管理过程：在这一场景下，往往约束大于激励，因为在这样一个分工合作的过程中，需要通过约束制度使员工更规范地工作、更少出差错，从而提升正确率。

囚徒困境体现的其实是传统激励方式中的信用缺失：员工们不愿意接受约束的关键原因，很可能是对管理者的不信任。要想从根本上解决管理过程中的囚徒困境，就必须要设计出解决信用问题、拥有机制设计的激励方式。它必须以人性为基础，能够平衡员工与企业双方的利益，使企业、管理者、员工都乐于在这一游戏规则下共同努力（因为此时对双方利益是最有保障的）。也只有这样，才能够实现组织内各个角色间互惠互利的目的。

5.2 Token激励，用信任引导双赢

激励制度永远是区块链组织需要考虑的重要命题。有关这一点，现有区块链生态已经提供了一种全新且可行的激励模式，即Token。我们之前说过，作为一种可流通的加密数字资产与权益证明，当前在现实世界中包括股权、票据、债券等各类权益与资产，都能够使用Token的形式来表达。

目前来看，Token汇集了三种功能于一身（图7-11），因此，其分配与

流通将有机会为组织发展提供内在的动力。

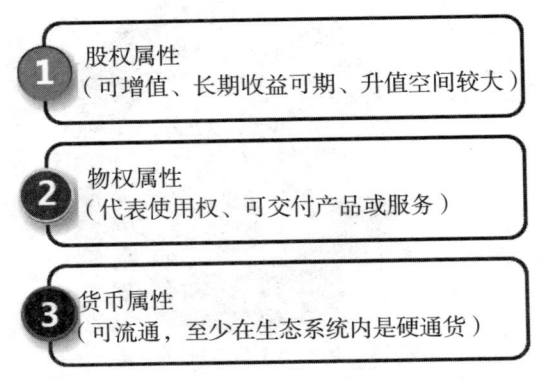

1. 股权属性（可增值、长期收益可期、升值空间较大）
2. 物权属性（代表使用权、可交付产品或服务）
3. 货币属性（可流通，至少在生态系统内是硬通货）

图7-11 常见Token的功能

如图7-12所示，作为团队与组织内部的价值分配要素，Token将发挥三类职能。

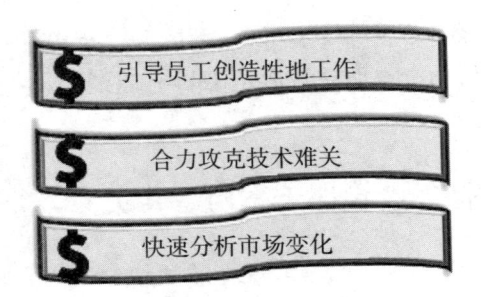

- $ 引导员工创造性地工作
- $ 合力攻克技术难关
- $ 快速分析市场变化

图7-12 作为分配要素的Token将发挥的三大职能

而建立起以Token为基本激励单元、以管理成果和市场业绩为导向的Token激励机制，对于处于信息时代的企业有着重大的意义：它将促使组织形成自我完善与发展的内部生态圈。

在ConsenSys中便体现出了这种Token激励的积极作用：由于参与者会直接或间接地拥有自己参与的项目中的一部分，而且，这些部分的收益是根据个人绩效进行支付的，因此，个人行为自主性与项目完成度之间的相互储存达到了一个较好的平衡——每一个人都不再视自己为单纯的"打工者"，而是将自己看作是通过紧密协作盈利的企业家。

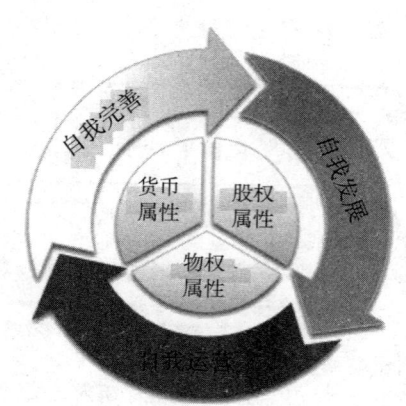

图7-13 基于Token的组织结构生态图

由于ConsenSys的Token激励是建立在区块链技术上的，因此，每一个成员都能够为项目中其他人的表现打分，这样，组织内的信任联盟能得以更好地实现：参与者会为了获得他人的认可竭尽全力。往日那种偷懒式执行变少，区块链永久存在的数字身份、人格与声誉系统，让参与者彼此之间变得更诚实、更可信——而这恰恰是Token式激励所期望达成的目的。

5.3 Token将促进管理关系向合作关系发展

2018年4月，《东邪西毒》电影通过区块链项目"权大师"完成了5000万元的A轮融资，并推出了基于区块链技术的"合伙人计划"。

"权大师"是国内首家智能化知识产权平台。在"权大师"的区块链计划中，我们可以看到，区块链激励制度的引入对于传统团队合作机制带来的改变。

"权大师"将自己经手过的经20万件案子验证过的高效智能化商标处理后台赋能给每位专业的商标代理人。每一位代理人都将成为"权大师"独立自由的合伙人。

① 合伙人将获得最高80%的收益分成；

② 若推荐其他新合伙人加入，平台还会奖励新合伙人业务收益的10%。

| 第七章　除了文化，一切都能外包的新管理 |

在区块链上，合伙人的身份，合同信息与实际工作量、业绩多少都将一一记录在案，而"权大师"会根据合伙人的贡献值，为其分配额外的收益（Token）。

针对Token本身价值变动所带来的损失这一问题，"权大师"平台也有具体解释：未来，该平台会不断扩展自身Token的实际使用价值，包括使用Token购买Token所有的知识产权服务等；后续，平台也会进一步明确Token开放与回收计划，来进一步确保Token价值的持续性。

立足于"权大师"的案例，我们可以预测，未来区块链激励方式将从强调短期行为发展成强调长期目标。

传统激励模式中，往往侧重于强调对员工行为与行为结果的改变，它通过管理者对标准流程的理解，指出希望员工在工作过程中采用什么样的方式、完成什么样的动作、达成什么样的标准，并通过一系列的评价方式来验证与考核员工是否按着既定的一切来展开操作，以及操作的结果是否达到了预期目标。

而Token式激励则将重点放在了组织的长远目标上，它鼓励员工创造性地完成组织愿景与业绩目标。作为区块链生态里的价值量化标准，Token代表着所有者积分、会员、投票、资产增值分红等方面的权益。相比于当下经济体制里的股票，其权利划分更细，权益程度也更高。

更重要的是，业绩收入是持有者换取Token的重要元素，再加上区块链本身上链信息不可篡改的因素，管理者将很容易观察到员工的Token来源。因此，它还将更好地量化个人行为绩效，从而更有效率地实现"权责匹配"。

这种告别了被动与强迫的管理模式，使激励本身从结果导向型转向了动力导向型，在促使员工积极参与的同时，也令组织结构向着平等、合作的方向发展。也正是因为组织的得益将直接决定个人的收入，因此，个人与组织都会从中获得进一步发展、完善的动力。

对于区块链组织与生态来说，Token绝非一种简单的经济激励工具或交易媒介，更重要的是，它可以实现区块链组织内的自我完善、自我发展与自我运营。我们甚至可以说，它就像工业时代的石油一样，未来将会成为区块链成长的血液：在为整个区块链社区提供源动力的同时，还将作为生态硬通货与项目质量的象征，实现组织结构与管理/激励模式的全变革。

6. 管理角色终结，但管理任务长存

管理方式的革新，是否就意味着区块链公司中没有了上下级关系以及复杂的管理角色？

的确，DAO能够通过一系列公开公正的规则，实现在无人干预与管理的情况下，进行自主运作。每一个拥有股份的人都是公司的股东，大家在团队内地位是平等的。

但这只意味着，在DAO中，类似于董事长、经理一类的管理角色的终结——我们必须要意识到这样的现实：一种民主制度最终会终结在每一个人都平等地受益上（即所有人都无法受益）。

"公平"与"效率"永远是矛盾的，而这也恰恰呼应了我们在之前提及的"去中心化"的真实含义：区块链所实现的去中心化并不是完全性地"去中心"，它只是将中心的作用弱化。就连我们当成标杆的ConsenSys也是如此：虽然约瑟夫·卢宾在组织内并非老板，但其角色却是重要的决策顾问；由于其专业能力与影响力，项目员工会向他请教有关工作方向的事情。显而易见的是，他的建议对组织的发展方向起着举足轻重的作用。在这种情况下，他所欠缺的只是一个明显的头衔而已——他与组织内其他精英依然担任着管理组织的任务，只是在角色上定义不同。

公司存在的立场永远是逐利，在市场的进化环境中，区块链式公司也必须要依据于利润目标调整运营方法。因此，虽然管理角色与管理层级都

已经在 DAO 中去除，但管理任务却依然长存。

6.1　DAO 的三大管理原则能够保障其正常运作

虽然 DAO 的股东能够分享机构的收益，参与机构的成长、运营，但是，DAO 的系统准则中存在着三大管理原则，这三条管理原则既是股东检验 DAO 管理情况的标准，同时也是股东权力的规则。

▶ 诚信机制

DAO 内依据于多个节点来对每一个节点的行为展开相互审查：你在观察同事的举动是否合格，同事也在对你发出评价。这种相互记录、相互评价的机制，确保了所有规则都能够被强制实行。单个节点的无赖行为，会被集体简单抵制。这就使 DAO 内的规则变成了"人人遵守"的所在，而充满了敌意的刻意恶评也会被节点曝光，从而无法实施。

▶ 不可侵犯机制

少数服从多数的设计机制，使 DAO 规则可以确保在没有多数股东同意的情况下，任何对 DAO 规则（源代码）的更改都是不会被执行的。没有占集体一半以上的投票来同意采纳，对极少数节点的攻击与侵犯行为也不会成功。

换句话来说，管理的权力依然放在了多数派手中。

▶ 自我保护机制

一个 DAO 进化得再纯粹，它依然是一个公开的系统或是开源软件，而这一开源系统在设计之初便会被载入自我保护机制。它能使整个系统采取相应的手段，以抵挡有可能对 DAO 的生存造成任何威胁的因素。再加上前两个机制已经降低了引入坏节点的可能性，因此，DAO 因不良节点的恶意操作而陷入崩溃的概率小之又小。

这三大保护机制其实都是在贯彻区块链的关键技术与基本原则：所有的机制其实都建立在智能合约基础上，因此，DAO 可以被看做是最复杂的智能合约，它是开源透明的，一旦部署，将不受其创建者与任何外界力量的影响。它的交易记录与程序规则也会在区块链上展开维护，这种方法使现实公司在交易、合作过程中有可能导致的信任危机大大降低。

DAO 运行本身也是依靠于区块链的激励机制，即通过交易赚取通证，因此，不管是从 DAO 中撤回还是转移资金，都必须要多数利益相关方达成一致。至于多少人达成一致才能实现这一任务，则需要 DAO 代码提前设定好——这也有效降低了有人在交易过程中恶意退出导致整体利益受损的可能性。

6.2 DAO 设计有可能让组织陷入"群氓"状态

我们的确能够从 DAO 项目的设计中看到其贯彻公平、公正的基础，但正如我们反复强调的，公司的本质是逐利，而 DAO 是否能够通过其设计为股东带来丰厚回报？答案是未必。

从经济学观点出发，DAO 眼下最重要的设计缺陷在于，其决策机制存在着机能失调的情况。

美国著名的社会学研究者詹姆斯·富勒曾指出，群体能够让个体变得更有智慧，或者对个体智慧形成补充。它能够捕捉、容纳人们相传的、不同时间的信息，还能够通过计算，将成千上万的决策汇总起来——现实社会如此，网络社会也是如此。

在网络社会中，群体的氛围与结构也将决定群体智慧的高低。最典型的例子即维基百科。维基百科是一个动态社区，而其神奇之处就在于它所建立起来的秩序：这个任由业余用户创作和编辑的开放式系统并没有陷入无政府状态。恰恰相反，它已经用某种方式，将历史上最庞杂的百科全书组织得井井有条。

维基百科的成功，得益于它的结构与机制。它是一个开放的系统，允许所有人参与。而这种开放性与参与人员本身的流动性，对于不断发现与纠正错误极其重要，同时也可防止成员关系和权力结构过于稳定而导致的群体压力。同时，由于所有用户都被一个稳定的目标（即建立起更符合事实的词条）所引导，这使进入这一空间的人们可以很快找到自己的方向与位置。

但在企业经营过程中，项目任务与目标往往是变动的，每一个项目所需要的专业度侧重点也有极大不同。在这种情况下，如何才能使群体智慧做出最佳决策？

我们再对比 DAO 的结构：能够在区块链项目中成为股东的人里，有一部分是通过自己挖矿或者单纯购入股票来成为这一角色的——前者是典型的技术人员，后者则可能是单纯的投资者，他们对组织的发展方向可能并不了解，也意识不到在行业大环境中，自己要如何决策才能更有利于组织发展。

6.3 未来 DAO 的最大任务：规避群体无知，利用群体智慧

在过往的经验中，我们早已形成了这样的认知：对不一般的情况，最好根据知识而非直觉做出决策。

作为个体，我们所拥有的知识领域是非常狭窄的——你可能是一位程序设计专家，但你对如何挽救一家正处于亏损状态的钢铁厂并无所知。当你做出的决策有可能影响该钢铁厂多达几万人的员工时，最理想的策略就是向投资与管理专家求助。

投资与决策是复杂的，因此需要专业技能知识——而 DAO 的去中心化决策过程显然并不能满足这一点。

的确，分析复杂问题时，专家们也并不一定会达成一致意见，因此，他们也会通过展开各种各样的讨论会，来健全、丰富自己的见识。然而，"减少专家的个人偏见"与"以群体的无知来取代专业知识"这两者间是截然不同的。

例如，眼下，你处于一个卫生措施非常差的环境中，感染概率极大，但现在有一个病人极需手术——两者都有可能导致病人死亡。普通人会依据直觉来判断是不是要做手术，可专家却会权衡病情与环境因素，做出最佳决策。很显然，此时若依据普通人的意见，将可能是完全不负责任的举动：在设计化疗方案上，哪怕是一大群癌症患者，也绝不会比一小组肿瘤专家做得更好。这才是为什么我们会花费时间去寻找专家、并向他们咨询意见的原因。

这便是 DAO 未来最大的发展任务了：如何在提升 DAO 纯度的同时又不至于使组织被无知群体左右？DAO 的去中心化不会告诉你如何审查财务报表？或者，会不会告诉你当一个客户／竞争对手起诉公司时，你要如何应对？所以，怎样在选择专家的同时平衡中心与去中心化的关系，使 DAO 内形成有效信任与意见集中，这是解决 DAO 决策缺陷的唯一答案。

7. 权力的去中心化与自动流程化

协同式工作导致的另一个结果是权力的弱中心化，这便涉及了传统公司向着 DAO 发展时必然会涉及的放权问题。

在传统管理理论中，人们习惯将放权比喻为放风筝，并评价说，只有"舍得放、敢于放，放得高且线韧，才能真正实现收放自如。"可是，公司内部放权从来不是一件轻松的事，很多管理者都会在放权这一问题上陷入两个误区：放了权却不放责，放了责却不放权。

7.1 传统管理，放与不放都是问题

其实，大部分企业家都知道放权带来的好处，也愿意放权，但问题在

于，权力下放后往往与最初设想的样子不同。更多的场景是，经营业绩毫无进展，管理上麻烦不断，内部局面更加混乱。

有关这方面的典型案例就是国内著名互联网企业——搜狐，在 CEO 兼创始人张朝阳放权后，企业就遭遇到了管理混乱的问题。

张朝阳曾一度将权力下放，但最终的结果却是，搜狐内部形成了"藩王管理"的形态，许多关键业务线上的主管都不再听张朝阳的建议，对公司产品的发展方向，张朝阳也失去了话语权。

典型的例子就是微博。其实，早在 2010 年左右，张朝阳便判断未来微博会有大发展，认为在娱乐资源上远超过新浪的搜狐应在这一市场与对手一较高下，并提出建议：业务部门应全力配合搜狐微博，邀请各路明星到搜狐博客设立独家微博。可惜的是，当时该部门的负责人明里积极表态、暗里却消极对待，导致搜狐错失了微博发展良机。

这种情况在手游、视频、输入法等重要产品领域中皆有出现：内部派系林立，大家所想的都是，就算微博做好了，和娱乐又没关系，因此某一部门的行动，其他部门皆不配合。很多业务就算张朝阳主抓，但在派系面前，大家表面一团和气，暗地里却相互挖坑。

后来，张朝阳患上了抑郁症，开始为期 1 年的闭关。搜狐内部各自为营，内耗严重到令人震惊，导致搜狐如今在各个领域皆不再占据优势——这才有了张朝阳复出后痛下杀手，将多位高管驱逐出搜狐，搜狐至此开始重回"中央集权"时代。

这种放权后内部协作力下降、发展方向不明、责权不等对等的情况，在各类企业中都有可能出现。张朝阳还算幸运：他在闭关一年后，还有"削藩"的权力，有些企业家在放权后便完全丢失了内部管理权，甚至沦落到被自己所创建的企业赶出来的下场。

对于这种放权式企业存在的问题，区块链是否有明确的解决办法？

7.2 区块链带来互信，告别一放就乱

其实，在企业管理模式里，"集权"与"分权"问题一直存在，差别就在于，是集权多一些，还是分权多一些。不过，在以区块链为底层技术的组织结构中，集权现象基本上不存在，管理者可以通过区块链的特性，实现自动控制与协调生产经营活动，并依此达到组织的预期目标。

▶ 分布式账本带来更快反应

去中心化是区块链所提供的一个重要性能，通过分布式账本，区块链将传统组织的中心化数据管控模式取而代之，使数据所有权与使用权彻底归还给了用户与员工。这种组织与管理模式把相应的决策权分配给了每个业务单元与具体的行动层面，从而最大限度上减少了管理幅度，相应的管理成本与沟通成本也大大降低。

更重要的是，通过直接将行动权授权给了一线员工，企业可以对市场作出更快、更准确反应。

▶ 智能合约保证分权的效果

行动权下放给员工以后，如何通过有效的监管保证分权的效果与效力，使企业避免陷入搜狐当年的窘境？

这一困扰管理者们许久的问题，将在智能合约的帮助下得到有效解决：合约在现实世界里的作用不需累述，整个现代社会都是建立在合约基础之上。而在区块链的智能合约中，通过将规则预先编写、植入网络中进行自运作，哪怕只是采购环节中与预算有一分钱的差异，智能合约都自动执行、自动实现其预先设定好的"超出预算部分如何处理"。

分布式账本与智能合约所解决的是合作过程中的契约风险。通过对合约中的条款进行详细的规定，并将细则上传至不可篡改的分布式账本，便可实现对员工、管理者等利益相关者的机器智能约束，使他们不得不为实现股东利益最大化目标而努力。

另一方面，智能合约还可降低监督风险：委托人与管理者、员工在协

商一致的前提下签订合约，并基于机器语言自动执行协议，将大大降低管理过程中有可能出现的沟通成本与沟通风险，令管理层的决策、员工的行动都围绕着"股东利益"行动。

▶综合运用实现各部门合理协作

区块链能够将公司的内部活动进行有效而合理的细分，按着产品线、业务线、研发任务与客户需求等标准进行分类，在每一个业务单元中建立起相应的组织结构管理模式，能够有效避免职能型组织结构导致的行动迟钝。

而在引入了Token激励后，部门间的相互推诿将大大减少：针对企业所有者、管理者与员工所设定的不同激励模式，将通过"给予利益相关者Token"这一利益共享方式，使三方人员采取符合互利、共赢目标的行动，从而实现企业的自我发展与自我完善。

与此同时，在基层细分后，管理与决策层将进一步解放，令其可以将时间、精力与资源进一步集中在与企业发展方向规划、核心竞争力打造以及形成关键价值链等重大事项上。

▶减少人工操作失误，实现机器间相互信任

及时有效的信息对于企业发展的重要性已毋庸置疑，但传统管理中，中心化、人工化的数据收集方式往往会导致数据失误，引发不必要的损失。而且，不同设备间很可能会因为数据上的不匹配，无法实现有效协作。

区块链则有效地规避了这一点，眼下，最有效的例子就是物联网：作为互联网时代后的另一跨时代变革，第一代物联网的解决方案主要是通过一个中心化的控制中心收集联网设备的数据，并根据收集上来的数据进行相应管理。这样的管理模式成本高、安全性低，早已成为首代物联网最大的桎梏。

就如同解决了个体间的互信问题一样，区块链技术也解决了不同设备间的互信问题——就如同我们在之前提过的第二代物联网解决方案ADEPT一样：这一由IBM联合三星建设的方案，通过区块链技术，建立起了分布式物联网，建立起了联网设备之间的相互信任，以期望每个设备都能实现自我管理的功能。

可以看到，区块链下的组织结构与管理模式使企业管理难题找到了新的解决方案。在这一方案下，权力下放后的信息不对称、督管不到位、权力无法回归等问题都将有机会在实践中一一解决。或许，在不久的未来，管理者们都不必再经历搜狐张朝阳当年削藩的困境。

第八章
区块链带来机遇，更带来风险

虽然眼下有关区块链大规模展开的现实都是基于想象基础上的，但如果它真如我们设想的那么伟大，那么，未来它能带来多少美好，就有可能带来多少混乱。与核能研究一样，技术本身永远是中性的，我们只有了解了其危险面，才有可能让它在未来更好地被利用在促进经济、社会发展与提升个体生存质量等方面。

1. 现实：进入区块链3.0，需要付出更多

伴随着区块链技术大热而来的，是各界人士对区块链技术的不断关注：如今，已经有越来越多的人开始了解区块链，网络上对于区块链技术也多是持积极态度。即便有"区块链经济是泡沫"一类的言论出现，也挡不住区块链项目成为投资者眼中最值得投资的方向。

作为新兴技术，区块链的这种魔力可以理解。只是，狂热背后，我们必须要理解，现在距离真正的区块链3.0时代还有不小的一段差距。

1.1 用户规模小

目前，区块链应用布局简陋、用户规模小是关键瓶颈所在。

包括互联网在内，很多新技术在萌芽之初想要获得飞跃性的发展，都必须要拥有一个用户规模，有了用户规模，网络效应才能出现。

区块链想要获得长足的发展，需要与具体产业结合，脱离了业务，只做区块链，价值并不大；只有当越来越多的人接触、了解并认可了区块链，市场才会承认其规模，区块链才会发展得越来越好。

不过，这一点的前提就涉及了我们接下来要说的基础设施建设问题。

1.2 基础设施建设不足

想获得良好的发展，每一个区块链都需要自身的技术基础设施以及一个充满活力的生态系统，这需要很多参与者来提供支持。

在技术方面，协议本身就是一个最低要求，而且，它需要通过软件、工具与服务来将它的功能放大。以技术为核心的生态系统是否能够建成，直接影响着区块链是否能够进一步市场化。

就如同整个互联网就是一个生态系统一样，区块链生态系统也将遵循着相同的发展道路，并发展出网格式的互联网式区块链。而一个充满了活力的生态系统，需要在以下方面拥有诸多参与者：

① 完整的技术堆栈，其中包括基础设施、中间件与各类软件应用；
② 热衷于通过创新产品、开拓新市场来进行创新式盈利的初创公司；
③ 为企业提供终端到终端解决方案的服务提供商；
④ 愿意与企业家、科学家们一起承担风险的风险资本；
⑤ 倡导者、分析师、支持者、志愿者以及各类技术社区；
⑥ 大量乐于尝试新产品的使用者，其中包括普通消费者与企业客户。

但是，当下，我们还停留在研究技术、普及区块链专有名词概念的阶段上。基础设施的不足，直接导致了大规模应用没有实现的可能性。

1.3 缺乏成熟的应用

眼下，人们对区块链是否有用已经讨论得够多了，现在，我们最需要的是一个让人们迅速接受该技术的杀手级应用。

的确，区块链技术还未成熟，大规模应用的落地还需要更多时间与尝试，但不可否认的是，只有可以落地的应用，或者说杀手级应用的出现，才能够让人们对区块链拥有更加直观、清晰的认识，而不是仅仅停留在讨论层面上。

就好像我们想要快速地了解什么是 VR 一样，最好的方式不是一次次地翻看各种理论去了解它的概念到底是什么，而是直接戴上 VR，感受它带来的感官体验。同样，想要圈外人、普通民众快速地了解区块链，那么，一款杀手级的应用是让他们广泛了解、颠覆认知的最佳方式。

所以说，眼下区块链最缺的是杀手级应用。与一遍遍地陈述概念或理论相比，开发落地应用才是让区块链快速迈入下一个发展阶段的关键。就像淘宝一样，从无名小卒变成眼下的电商巨头，人们自然明白它的优点，以及它带来影响到底有多大。

同样，在有杀手级应用被人们广泛熟悉、接触与运用后，人们自然会对区块链形成共识，更直观地了解到未来区块链有可能造成的影响。

1.4 专业人才不足

区块链想要实现大规模应用，还需要解决安全监管问题。全球范围内标准化制度体系的缺乏，配套法律法规、社会制度的不成熟等，都是下一步需要快速解决的问题，而想要解决这些问题，就必须要先解决专业人才缺失问题。

中国通信工业协会区块链专业委员会执行秘书长高斌在 2018 年 8 月发表看法：真正能满足市场需求的区块链人才很稀缺，"区块链人才缺口不仅在技术岗位，在运营人才、管理人才、社区运营专家等方面也存在大量缺口。这样的人才需要整个社会共同培养"。

在中国国内，导致区块链人才培养不足的关键在于高校专业设置滞后。这一点恰恰是我国在区块链发展过程中相较于其他国家较为明显的不足之处。

早在 2018 年 3 月，韩国多家高校便相继推出区块链相关课程和设备。韩国延世大学与浦项工科大学 POSTECH 合作建造共享的区块链校园；东国大学专设有区块链研究中心，与韩国电信服务商 Sejong Telecom 合作研发；西江大学也早已推出区块链实验计划。

而世界上有关区块链的课程最早是在 2014 年开设的，其中美国有 4 所大学，英国有 2 所大学开设了此类课程。作为各行各业储备人才基地的各大高校，想在区块链发展过程中占据先机，让区块链技术进入校园、成为人人可以选择的一门专业是关键。

2. 政府的态度决定区块链的未来

据美国市场调查企业冬青调查的研究报告显示，在 2017 年，区块链以及其所衍生出来的市场总规模已经超过了 7 亿美元，自 2018 年到未来 2024 年左右，区块链市场还将以较快的速度增长；到 2024 年，这一市场预计会有 600 多亿美金的空间。在此过程中，其整个增长率大约为 89%。由此可见，区块链技术在全球范围内所带来的技术增值是存在且快速发展着的。

不过，虽然互联网没有国界，但技术与项目实施都需要落地空间，因此，某一地区或国家的区块链技术发展情况如何，基本上取决于该国政府对区块链的产业态度如何。

2.1 中国：要链不要币

2017 年中国对 ICO 的禁令正式出台，表明了我国政府对区块链技术的明确态度：只要区块链技术，但绝不支持国内炒作加密货币。因此，在国内，比特币依然是是一种特定的虚拟商品，它不具备与货币同等的法律地位。在法律规定下，它不能且不应作为货币在市场上流通，而且，各个金融机构与支付机构皆不能以比特币为定价单位，更不能买卖比特币。

此外，鉴于市场上有很多项目都打着区块链的招牌行非法集资之实，央行还曾在 2017 年发布公告提醒投资者，数字货币有风险，需要格外谨慎对待。

不过，对于大有潜力的区块链技术，我国政府与企业都表现出了浓厚的兴趣。2019 年 10 月 24 日下午，中共中央政治局就区块链技术发展现状和趋势进行第十八次集体学习。习近平总书记在主持学习时强调，区块链技术的集成应用在新的技术革新和产业变革中起着重要作用。我们要把区块链作为核心技术自主创新的重要突破口，明确主攻方向，加大投入力度，着力攻克一批关键核心技术，加快推动区块链技术和产业创新发展。

国内以 BAT 为代表的企业都已经加入到了区块链技术的研发过程中。地方政府与机构牵头的各类区块链项目也在不断增多，而这些项目都表明了中国对区块链抱以厚望，且希望在此领域中占领一席之地。

2.2 日本：加密货币交易活跃

在 20 世纪 70 年代，日本的 GDP（国内生产总值）位居世界第二，仅次于美国，然而，到 20 世纪 90 年代，日本经济陷入停滞状态。此后，日本政府一直在寻找可以帮助日本经济重攀新高峰的途径。

2018 年 7 月份，首届日本区块链年度会议于东京召开，时任日本央行总裁的北尾吉孝发表了对区块链的看法：区块链能够帮助日本经济重回正轨，恢复其曾经的全球地位。这位日本杰出人物的看法在一定程度上表明了日本政府对区块链技术的态度。

据美国著名的 AC 尼尔森市场研究公司调查显示，日本是加密货币交易最活跃的国家，并以 44% 的日元交易量成为了全球比特币交易中心。

仅从 2017 年到 2018 年 8 月，日本便出台了或考虑出台 7 个区块链相关政策：

2017 年，日本央行宣布，将尝试发展区块链项目，主要推动比特币等数字资产的应用。

2017 年，发布《犯罪收益移转防止法》，"加密货币兑换业者"被列为该法上的"特定事业"，并承担该法上的相应义务。

2017 年 3 月，金融厅出台法则，对加密货币的范围、兑换业者的监管、监管相关事务处理等大众关注点，提供了详尽的意见。

2017年3月，出台《加密货币兑换业者内阁府令》。

2017年4月，《资金结算法》修正案正式承认加密货币为合法支付手段，且受法律保护，从而成为全球首个为加密货币交易所提供法律保障的国家。

2017年7月，日本新版消费税正式生效，该法规定，进行比特币交易将不再需要缴纳8%的消费税。

2018年7月，日本金融监管机构金融厅考虑通过《金融工具和交易法案》，以加强对加密货币交易的管理。

不过，虽然日本政府对区块链抱以厚望，但该政府对ICO与中国一样，持有极其谨慎的态度，而其对加密货币交易监管之严格也是全球范围内少见的：相关机构曾经同时对6家交易所下达业务改善令。因此，虽然政府支持，但有些区块链项目也并不会选择在日本落地。

眼下，日本国内的区块链项目主要集中在图8-1所展示的五大行业中。

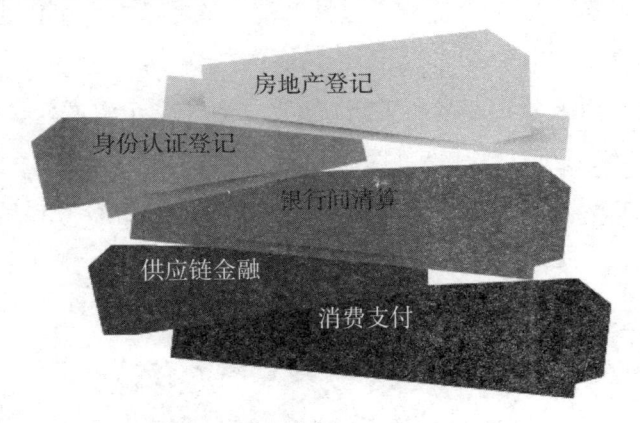

图8-1 日本区块链企业集中在五大行业

除这五大行业外，日本区块链项目也在保险、农业、制造业等方面有涉足。

此外，该国虽然希望依赖区块链技术重振国内经济，但目前看来，除了比特币支付业务得到了一定的发展，其他领域内区块链应用依然表现平平，而这在一定程度上也是因为现阶段区块链项目落地能力不足。

2.3 韩国：产业合法化

2017年ICO狂潮席卷而来时，韩国是全球最活跃、规模最大的比特币交易市场之一。当时，全球约有21%的比特币交易量发生在韩国，韩元也因此成为比特币交易使用最广泛的第四大货币，仅次于美元、日元和欧元。

为了制止在该领域中普遍存在的骗局现象，韩国政府在2017年9月29日开始禁止所有形式的代币融资，并全面禁止了匿名交易，希望以此来约束数字货币匿名交易的不可控性。

不过，这种强硬的拒绝态度在2018年5月份出现了变化：韩国国会举行的ICO和区块链技术论坛上，一份ICO产业品合法化的法案已被起草。而该法的主要目的，是帮助消除区块链相关企业面临的不确定性，尤其是针对"区块链推广和监管框架"、区块链系统建设、分散应用开发以及加密货币交易等领域。

同时，针对ICO的全面禁令也被取消，比特币在韩国正式成为一种合法的汇款方式。

韩国还将加密货币交易所重新归类为"加密货币资产的交易所和券商"这一法律实体，这使区块链项目增加了合法性。

另一方面，韩国政府与日本政府一样，在全面解禁ICO后，对加密货币的使用进行了更加严格的监督。

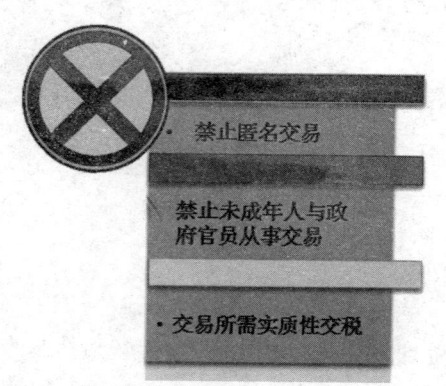

图8-2 韩国政府对加密货币进行了严格监控

从积极角度来看，ICO产品合法化或为区块链在韩国的发展提供新的保障，而韩国政府规范该领域内的交易行为、使交易所合法化，也只是为了规范区块链和加密货币领域，为构建健全的生态奠定坚实的基础。这就意味着，未来想要留在韩国发展区块链的人，必须要提升服务质量与信誉度。

2.4 美国：拥抱技术，不要封杀

人们一直将比特币创始人"中本聪"视为美国人——这件事虽然是非未分，但美国的确是新技术的摇篮与最有力的推动者。

在美国，大多数数字货币交易其实已经触及了法律的边缘，但该国对区块链及其相关产品所持的态度，都是"不封杀、不伤害"。在2018年2月份，美国众议院召开区块链听证会，主题为"超越比特币：区块链技术新兴应用"。也正是在这一系列的听证会上，美国政府传达出了对区块链的基本监管态度：谨慎监管，乐观其成。

虽然表面上来看，这只是一场听证会的态度，但事实上更像是一种背书。听证会并不代表美国政府的意志，但监管机构官员、官方智囊和商业领袖们之间的共识，在很大程度上意味着关于区块链技术大规模应用的"美国共识"正在形成。而这些共识其实也是美国政府对于包括区块链在内的新兴技术的基本态度：以开放的态度拥抱技术，"做好准备应用于商业和政府业务，致力于投资者和消费者教育"等。

虽然对虚拟货币乐观其成，但这并不意味着美国金融监管方对该领域毫无作为，事实上，各个机构间的协调分工非常明确。

证券交易委员会（SEC）对未经注册的证券产品采取监管行动，无论它们是虚拟货币还是初始代币产品；

国家银行监管机构主要通过国家汇款法律来监督虚拟货币即期交易；

国税（IRS）将虚拟货币视为资本利得税的财产；

财政部金融犯罪执法网络（FinCEN）监测比特币和其他虚拟货币转账

是否以实现反洗钱为目的。

　　SEC 和 CFTC 认定带有价值存储功能的虚拟货币可定义为商品，ICO 发行的 Token 性质就是证券。

　　由此可见，美国政府其实一直在对区块链项目进行有效关注与积极引导。2019 年 8 月，美国新泽西州官方网站公布，该州州长 Phil Murphy 最近签署了代号 S2297 的议案，成立新泽西区块链倡议特别行动组，旨在研究有利于该州的区块链解决方案。包括研究与区块链和分布式账本技术相关的风险和回报，区块链公链、私链和公式算法等落地应用在新泽西州内的发展前景。该议案将在成立 180 天后发布首份研究报告。

2.5　德国：积极布局区块链

　　2013 年 8 月，德国金融部正式认可比特币为一种"货币单位"和"私有资产"，这是世界上首个承认比特币合法的国家。该政府表示，比特币个人使用一年内免税，但是进行商业用途时则需要缴税。

　　2017 年 7 月，德国成立了一个新的全国性联邦数字货币和区块链推广团体——德国联邦区块链协会，发起成员甚至包括了一些德国议会成员。

　　2018 年，德国银行行长怀德曼·延斯·瓦德曼发布了一份报告，报告主题是计划为德国国内的数字货币情况作出趋势性的调整。

　　根据该报告显示，该行认可区块链技术的远景未来，加密货币在未来也大有可为，但是，由于缺乏固有价值与中央银行的支持，比特币、以太坊等在现实生活中被大量运用的数字货币依然存在着高风险。想要成为一项合适的资产类型，它们需要更多的规则、更高的安全性。

　　同时，该报告也透露出，德国银行有意发行自己的加密货币，以此来取代市面上私人发行的产品。

　　2018 年 2 月，德国联邦金融监管局开始对加密代币采取逐案审查的方式：他们根据个案情况，审查首次代币发行，以决定该币发行适用于哪种法律框架，而这些法律包括了银行法、资产管理法、保险法和支付服务法。

2018年3月，德国财政部进一步表达了对加密货币政策的松动：若比特用户使用比特币支付，国家将不会对其征税。

这意味着德国允许比特币拥有更大流通范围，而虚拟货币的流通将有机会催生一大批新生行业，未来，德国的现有经济体系极有可能会因此而被改变。

不只在货币政策上，区块链其他方面的布局，德国也在积极推进。

2019年9月，德国通过一项全新的国家战略政策，确定政府在区块链领域里的优先职责，包括数字身份、证券和企业融资等。同时，该战略文件中还指出德国不会容忍像Facebook Libra这样的稳定币对其法定货币构成威胁。

事实上，德国从2019年春季开始就已经开始广泛探讨区块链技术，158名专家和企业代表提交了6261份建议回复，他们建议拥抱开源软件，同时也认可政府可以作为技术竞争的最终仲裁者。

2.6　俄罗斯：全力加速中的战斗民族

在众多数字资产市场中，俄罗斯对区块链的态度是最让人琢磨不透的：过去，俄罗斯曾经禁止比特币在国内的交易，并因此成为比特币最大的受限市场之一，但在2016年又撤回了这项政策。

在2017年9月，俄罗斯央行又以"风险高、时机不成熟"为理由，发布了对虚拟货币的警告；同年11月，该国正式宣布全面关闭比特币交易网站。

不过，从2018年开始，出于推动经济发展的目的，俄罗斯政府不再一味地拒绝数字货币，俄罗斯第三大国有银行Gazprombank正在试图推出数字货币交易服务，同时有计划启动一项有关数字货币举措的试点计划。

在2018年召开的国际标准化组织（International Standards Organization，

ISO）会议，隶属于俄情报机构的俄代表团团长格里戈里·马尔沙寇（Grigory Marshalko）雄心勃勃地称，"互联网属于美国，区块链将是俄罗斯的天下"。

2018年3月，圣彼得堡取消40个与比特币相关网站的禁令。

2018年4月，俄罗斯通讯部(MinComSvyaz)宣布即将发布数字代币发行指南。

2018年5月，俄罗斯联邦信息技术和通信部（Minkomsvyaz，Ministry of Communications）宣布计划于2019年实现区块链合法化。

2018年8月，俄罗斯总统普京批准了关于在Primorski Krai地区、Oktyabrsky岛以及Russky岛建立"经济特区"的政策，随后，又提出要将这些地区发展成俄罗斯"数字发展中心"。

2019年，俄罗斯开始逐步对加密货币和区块链技术进行测试。俄罗斯经济发展部副部长Savva Shipov表示，俄罗斯计划在首都莫斯科以及Perm Krai、Kaluga Oblast和Kaliningrad Oblast地区的监管沙盒内，进行量子技术、人工智能、加密货币和区块链技术等领域的试点项目。

2.7 英国：监督不监管

在全球范围内，英国是对区块链技术与数字货币最宽容的国家之一，该国始终秉持了"监督不监管"的态度，并为全球区块链初创企业提供了极其优惠的政策。

2014年11月，英国财政部官员公开发表申明称："眼下，数字货币以及数字货币交易所并不受英国监管。"

2015年3月，英国财政部发布数字货币相关报告，建议将反洗钱法规适用于英国的数字货币交易所，英国财政部将在会议中商议数字货币的监管模式，政府将与英国标准协会以及数字货币行业共同制定一个"最佳"的监管框架。

2016年1月，英国政府发布了一份名为《分布式账本技术：超越区块链》的报告。报告中提到，英国联邦政府正在探索类似于区块链技术这样的分布式账本技术，并且分析了区块链应用于传统金融行业的潜力。这显示出英国政府正在积极评估区块链技术的潜力，考虑将它用于减少金融欺诈。

该报告暗示，英国在未来会创建一个区块链的公共平台，来为全民和社会提供服务，并计划开发一个能够在政府和公共机构之间使用的应用系统。

值得一提的是，英国政府试图建立的分布式账本系统，并不是类似于比特币这样的纯粹去中心化开放系统，而是会在区块链网络中实施他们自己的"规则"。该国政府强调，使用数学方式来保护区块链网络的思想，这是一种"误解"，并且认为政府参与数字货币和区块链网络的立法是非常重要的。

2017年，英国政府增加1000万英镑经费用于研究数字货币。

2018年，英国启动区块链研究项目，维护伦敦区区块链枢纽地位。

2019年11月，英国议会成立跨党派区块链小组全球专家委员会，该委员会同28位英国议员共同推进区块链发展。

3. 是否有必要完全去中心、去中介化

"区块链将消除中介与中心"，这是眼下一种非常流行的说法，同时也是人们对区块链未来真实走入现实后的预期。许多区块链项目在融资过程中的推广卖点也是使用类似于"干掉淘宝""干掉携程""干掉Uber"等的说法。但这种看法其实是对区块链的一种误解：就拿比特币来说，比特币系统的确实现了去中心化的转账，但我们并不能就此认定比特币将干掉银行。

3.1 到底什么是"中介"与"中心"

想了解区块链是否能真的"干掉"中介,我们必须要先搞清楚两个问题:

什么是中介与中心?

中介与中心在交易中起到什么作用?

针对这两个问题,我们可以分别论述一下。

▶ 中介的目的在于提供更准确的信息

依据于传统定义,中介机构是依法通过专业知识与技能服务,向委托人提供中介服务的机构。不管是提供公证服务的公证性中介,抑或是代理税务的代理性中介,还是诸如提供咨询、职业介绍等信息服务性中介,它都是一种媒介,其主要目的是为客户提供中间代理服务。

每一个人直接接触到的世界是非常有限的,在大部分的时间里,我们需要通过他人的帮助获取自己无法从周边得到的服务。从这一意义上来说,只要存在着信息不对称,中介便有存在的必要,便能获得生长土壤。

中介的运作特点在于,它并不提供相应的服务与物品,但却可以帮助你更快找到自己所需要的服务与物品。这就好像在信息不发达的传统年代里,谁家有子女处于待婚期,周边又没有合适的对象,就可以找媒婆提供帮助。媒婆知道谁家有待娶的小伙子、待嫁的大姑娘,介绍给需要者供其选择,这其实便是典型的中介行为。

在互联网时代,信息传递更便捷,在很大程度上改变了过去一些信息不对称的局面,对传统中介行业形成了冲击。但伴随着信息大爆炸而来的是巨大的信息处理负担,凭借着人脑现有的能力,我们根本无法面对爆炸式的信息增长所带来的巨大冲击,更无法及时、准确地获得自己所需要的信息。在这种情况下,能够提供有洞见的认知信息与更高效服务的中介应运而生。

第八章 区块链带来机遇，更带来风险

▶ 中心产生凝聚力量

中心最大的作用在于，它可以帮助大家聚拢在一起，发挥"集中"的力量。人们只需要找到少数中心，便能够获取相应的服务，省去了寻找与选择过程中的大量时间成本。

中心可以做大、形成规模化经济，在这种规模化经济的情况下，产品的服务与价格都会更优惠。最典型的例子就是在大城市与小城镇生活的对比：很多人都以为，在大城市中的吃穿用度成本更高，但实际上，除了住以外，大城市中的衣、食、行更方便、更实惠也更优质，原因就在于大城市聚集了诸多的同类商家，由于消费者的可选择性大，因此，同行间的竞争也更大。

而立足于互联网建立起来的中心往往会存在着经济学中所描述的"网络效应"。

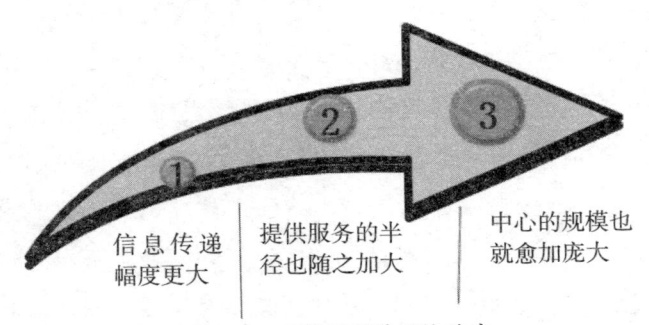

1. 信息传递幅度更大
2. 提供服务的半径也随之加大
3. 中心的规模也就愈加庞大

图8-3 互联网下的网络效应

而人们之所以会有想要"去中心"的想法，是因为人类与生俱来的危险嗅觉：我们越来越依赖于中心的同时，也会隐隐感觉到自主选择的缺失。

我们比以往更容易接触到整个世界，就好像山村中通了高速路，可以方便地走向外面的世界了一样：走出大山固然可以获得更多选择，但自由的代价是个人必须要独自面对风险，承担自我选择所带来的责任与后果。

自由增加了选择的权利，也增加了选择的成本。我们不可能一一尝试每一种选择，只能有所取舍——中心中介所提供的服务便是帮助我们作出选择，降低我们的选择成本，带给我们更加平衡与幸福的生活。

3.2 未来，需要的是比互联网时代更高效的中介与中心

在互联网时代，中介与中心不会消失，而是变得更有效率，这使旧有中介中心格局得以重新洗牌：只有那些能够充分满足客户要求、提供更高效服务的中介中心才有机会脱颖而出。

拿图书领域为例，以当当、亚马逊、京东、淘宝等平台为领军者的线上书店，不仅带给了我们全新的购书体验，更带给了我们质优价廉的读物。但从成本效率的角度来考虑，人们并不会因为线上能够更方便地找到出版商，就自己在网上一家家地对比，更不会直接与自己中意的作家进行交易。我们会在网上寻找到服务最好的图书中心中介，并在那里直接购书。它们会将我们的书送到我们家中、下载到我们的终端设备上来，方便我们阅读——传统线下书店的情怀再深切，在这种便捷面前也只能败下阵来。

另一方面，中心中介互联网化也使企业获得了更大的盈利空间：企业能更有效地连接最终客户，并因此而大幅度减少中间代理环节，这使以往层层代理、层层加价、层层决策的传统低效生意模式得到改变，企业也得以在提升服务时效、降低运作成本的同时，更快速响应市场要求。

企业内部还得以通过互联网实现中间信息传递环节：企业本身是一个组织，必须要有指挥中心才能实现"心往一处想、劲儿往一处使"。在互联网环境下，指挥中心得以与第一线人员直接取得联系，这使原有工作流程被大幅度优化，一些不必要的中间岗位得以精简、删除。

而区块链技术的兴起则让人们看到了去中介中心的新机会：它基于公共账本的记账方式，提供了一种数字资产不可重复传递的新解决方案，这使每一个人的行为都更加透明，陌生人之间也得以相互进行交易。

4. "去中央控制方"与"新型中介"的定位

美国人凯文·凯利被称为"世界互联网之父",他曾经对多种新生事物进行过预测,而事情后续的发展则证实了他的确担当得起这些称号。

在凯文·凯利的定义中,分布式系统并不是完全地"去中心监管",而是"没有强制性的中心控制"。这里的意思是说,区块链的分布式系统弱化了中心控制,而不是消灭了中心控制。在他看来,去中心是一个过程而并非一个结果。一个新的、具有更高效率与更低成本的新生事物,必然会将陈旧、僵化的旧中心取而代之。

这就意味着,"中心化监管"并非区块链的敌人,人们之所以会试图将两者对立起来,或许正是因为"监管"这个词语听起来的不自由感。

4.1 区块链的去中心化其实是"去中央控制方"

其实,监管与"去中心化"并不冲突,"去中心化"去的是中央控制方,而不是监管方。

区块链技术从来就不排斥监管,事实上,因为区块链本身的公开透明特性,监管机构反而能够更方便地对整个系统的交易数据进行监控,而监管节点也可以方便地接入到任何一个区块链网络里。

而且,由于区块链本身的防篡改特点,交易一旦发生后便不可更改、无法删除,因此,传统的数据造假、蒙蔽监管的情况根本没有再发生的机会——很显然,这将大大有利于监管机构对市场行为进行监督。由此可见,在未来,区块链将有可能发展成为监管科技的重要工具。

对于诸如法院冻结资产一类的监管机构需要干涉交易的情况，区块链提供了可供参考的手段。比如，在著名的以太猫游戏（CryptoKitties）中就有类似的设计。以太猫里设计了一个CEO角色，该角色由掌握着指定私钥的用户所有，通过智能合约，CEO有权随时停止以太猫的创生、繁殖与交易。

CEO角色的设定意味着一旦该角色的私钥交给监管机构管理，监管机构便可以在必要的时候介入，对系统进行所需要的控制。

这种监管机制依然是去中心化的，因为所有的监管规则都会事先写在智能合约中，即便是监管方也没有办法任意更改——这种去中心化的监管模式形成了有约束性的监管：监管机构获得了必要的监管能力，同时自身也需要依法监管，不能任意妄为。

4.2 去中介化的背后，是对个人选择权与知情权的渴望

要了解区块链的去中介化，还需要回到源头——《比特币：一种点对点式的电子现金系统》。在这篇论文中，中本聪指出："我们非常需要这样一种电子支付系统，它是基于密码学原理而非基于信用，这将使任何达成一致的双方都可以在不需要第三方参与的情况下，进行直接支付。"

很显然，比特币的一个设计目的在于，取代线上交易过程中的第三方中介。立足于这一最初设计点，区块链在后续的发展过程中也建立起了"取代第三方中介"的价值走向。

自如、链客、淘宝、携程这些平台中介都有一个特点：它们提供了一种服务，需要用户注册，并通过平台连接其他人——我们可以从中看出，"中介"这一定义的范围其实是非常大的，这也是为什么很多人会认为区块链会颠覆一切的原因。

正如我们之前所说的，中介有其存在必要性，眼下的中介生态系统经过了多年的发展，有了互联网的加持后，不仅运转流畅，而且服务齐全，

看上去并无改革的必要性，为什么人们还想要去中介化？

其具体原因，我们或许可以从腾讯与华为的数据之争中窥见一斑。

华为在推出荣耀Magic智能手机后被发现，该手机会自动收集用户活动信息以打造其人工智能功能，比如，手机将基于用户的短信内容推荐恰当的餐厅。这款手机收集信息的范围包括了热门社交应用微信的聊天信息。

被动了奶酪的微信立即向华为发出抗议，称华为的上述做法实际上夺取了腾讯的数据，并侵犯了微信用户的隐私。

为何双方会为了用户数据陷入分歧？原因就在于用户数据对于创新型技术企业的发展而言有着毋庸置疑的重要作用。

仅拿微信来说，目前，微信的盈利方式包括了推送广告，那么，微信怎么才能为客户提供最有价值的广告投放方案？很简单，根据用户的个人信息去投放：你去了哪里，在哪些地方做了什么，拍了什么样的照片，你常常会浏览哪些网站，在绝大多数情况下看的是什么内容，你喜欢什么，近期可能会买什么东西……这些信息全部被存储在腾讯的服务器上。腾讯会根据这些信息，对不同时期的你进行精准的广告投放。

这也是为什么腾讯与华为在为谁对谁错争执不休时，互联网上的网民们早已愤愤不平：明明我们才是数据的产生者与真正意义上的拥有者，为什么商家拿来使用时从来没有问过我们一声？

我们的确享受了平台提供的便利，但代价是我们的个人数据被当作了商品，虽然没有卖出去，但确实被用来赚钱了——虽然没有任何损失，但总归让人感觉不舒服。

4.3 区块链的去中介化，其实是将数据归还给个人

"个人的数据非常值钱！千千万万用户汇总在一起的大数据更是无价！"这就是我们从两大巨头的争执中得到的认知。另一方面，我们对个人数据的走向无从得知：谁来监管这些平台如何利用我们的数据？世界上所有达

到垄断级别的公司都存在着相似的问题，你的数据分散在Facebook、淘宝、腾讯、谷歌的每一个服务器上，上面记录的是你的生活轨迹，但它们并不属于你。而区块链的去中介化解决的就是这一问题：你的数据属于你，你可以任意支配你的数据，而且还可以通过你的数据盈利。别人也能支配自己的数据，所以在提供服务的时候，由于竞争关系，所有市场上的价格都将是透明的，你所获取的服务将是最优的。

举个例子，你想打车。现阶段的定价策略是企业说了算，在激烈竞争之后，价格会趋于稳定，但价格也高，大家想想现在的滴滴就知道了。而且，中介在提供服务的同时还会从中收取交易佣金。交易佣金经常很高，例如房产中介通常收取一个月的房租；携程从每笔交易中抽取15%到30%的佣金。

但在区块链时代就不一样了，你只需要发布你的位置、目的地，你将能看到附近的所有报价，不仅仅是个人报价，甚至地铁报价也会出现。由于存在着竞争，价格将是绝对透明的。由于中间只需要互联网，不需要服务提供商（也就是第三方中介），因此，你自然也不需要再支付额外的佣金。

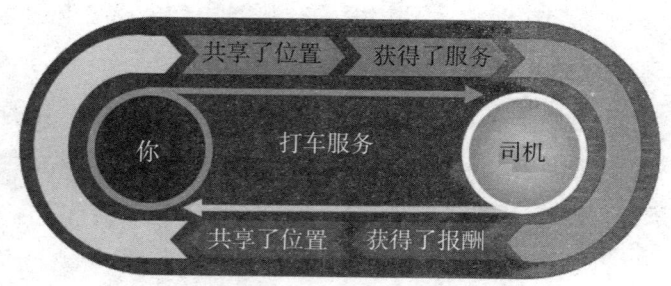

图8-4 区块链时代的打车服务

现在，你大概可以理解区块链平台中中介的定义：在区块链技术的帮助下，它将传统的"收费中介"演变成了"免费中介"，最大限度地保障了个人的数据知情权与得益权。因此，未来在区块链生态系统中会衍生出一种全新的中介服务：它将有效解决买卖双方信息不对称、买卖双方缺乏中介以及散布在互联网上的信息过于零散等诸多问题，从而形成新的平台价值链。

5. 占位区块链？先看看技术门槛再说

立足于"去中央控制方"与"新型中介"的定位，以及潜力的不可预期，区块链技术已在世界各地出现了方兴未艾的发展态势。不过这并不意味着区块链已经可以被所有行业采纳使用。它本身所需要的技术门槛也决定了绝非所有公司都能"占位区块链"。

从行业 IT 系统需求的角度来看，要在区链上构建应用，需要区块链解决方案具备强大的三个底层能力。

5.1 完善的新旧系统兼容 / 切换能力

正如我们之前反复强调的那样，在完整形态下，区块链是一个全新的软件开发平台，而它带来的竞争战略意义在于，立足于此建立起的本公司 / 行业独有的区块链项目，将能够降低成本、改善交易延迟。想要发挥区块链的这一特性，就意味着参与者必须要发掘能够给本组织 / 行业带来竞争优势的区块链战略性使用方法。

进一步来说，当区块链的私链与公链相互交融后，将会产生更多创新性的应用程序。但是，要想利用这些创新保存原有优势，甚至是获得新的竞争优势，组织本身就必须要拥有与外界公链技术水平不相上下的私链筹建能力。

这就好比互联网时代的技术发展一样：外部早已进入了光纤时代，接入网络的设备也已经随之换代，但你的企业若依然停留在拨号上网的"古童年代"，那你的组织自然是谈不上"站在竞争前列"。

你可能会产生质疑：这样来说，原本拥有较高创新程序筹建能力的大型公司，是否接入区块链的难度会小一些？未必。公司越大就意味着其现有程序越庞大，而在新兴技术面前，这些旧有程序永远是"阻碍"：你并不知道区块链这一新技术纳入原体系后会不会产生不兼容的情况。而处理诸多"新旧兼容"问题的难度未必就比"纳入新技术"低。

5.2 全新的系统安全能力

不管是在行业还是在组织内，区块链更多呈现为分布式数据库，其安全能力重点体现在五个方面。

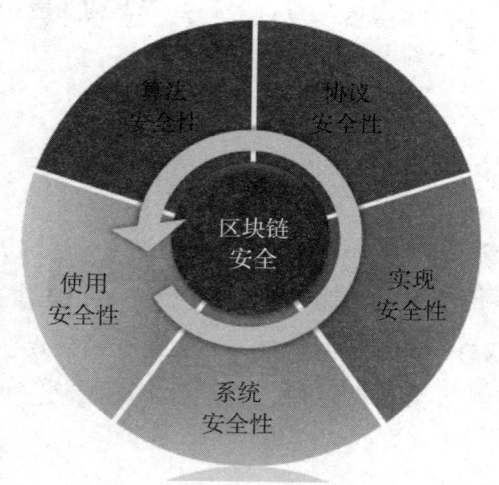

图8-5 区块链五大安全问题

但近年来，由于区块链代币的价值不断增长，以平台为目标的攻击事件不断爆发已成主要威胁之一。比如，著名的Mt.Gox攻击事件（即"门头沟事件"）。MT.Gox曾是世界上最大的比特币交易所，但2014年初遭到黑客袭击，损失了其持有的所有加密货币。在当时，这些加密货币总市价值超过4.5亿美金，结果导致公司被清盘并关闭。

现在关于交易平台受袭的新闻仍不绝于耳,再加上有关区块链的51%攻击也在全面考验着区块链的系统安全,其对系统安全防护能力的考验可见一斑。

其实区块链本身的开放性已经决定了其参与者会参差不齐,再加上没有中心化的管控,数字货币的丢失完全由用户自身负责,因此,区块链项目对安全性的要求非常高。而造成区块链整体安全隐患日益严重的根本性原因有三点:

① 网络上的技术高手一直被分为"正邪"两派。正义白帽子的价值一直以来被严重低估,这导致黑客攻击所获得的回报远高于白帽子维护网络安全的回报,因此,很多程序高手更愿意选择当黑客,而非去维护正义。

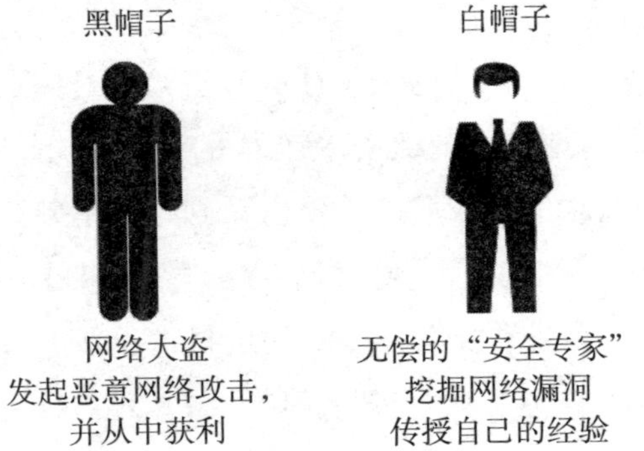

黑帽子　　　　白帽子

网络大盗　　　　无偿的"安全专家"
发起恶意网络攻击,　　挖掘网络漏洞
并从中获利　　　　传授自己的经验

图8-6　"黑帽子"与"白帽子"

② 现有市场上,安全产品的利润和销售渠道多被像微软这类的中心化大公司垄断,使用者需付出较高代价却无法获得可信赖的安全维护能力。

③ 现如今安全市场的封闭性导致安全开发者的收入偏低,而那些高级别的白帽社群更是有自身的傲气,不屑于与大公司合作。

在未来,要想保障自身区块链项目的安全,吸引更多电脑高手进入并创造商业价值、减少恶意破坏,需要所有行业建设完成两个维度:

① 进行更合理的经济架构设计,通过有效的激励设计,使电脑高手们从"维护"中得益远比"破坏"更高,也只有这样,才会有越来越多的人愿意去以积极的态度参与其中。

② 在设计好架构后，通过技术来保证这些规则能够稳定有效地执行，而不是人为地去干预。

5.3　适用多种场景的用户隐私保护能力

虽然公司区块链项目大多为私链，但公司项目总有接入外部公链的时候。在区块链公链中，每一个参与者都可以获得完整的数据备份，所有的交易数据都是公开、透明的。这虽然是区块链的优势，但另一方面，对很多区块链应用方来说，这一特点又是致命的：很多时候，并不仅仅是用户希望自身的账户隐私与交易信息得到有效的保护，对商业机构来说，账户与交易信息也是极为重要的资产与商业机密，自然不能分享给同行。

其实，对于这个问题，比特币社区曾经给出过解决思路：通过对交易地址与地址关联间的隔断，来隐蔽持有人的真实身份，以此达到匿名效果。所以，在比特币社区中，我们虽然可以看到每一笔转账记录的发送方与接收方的地址，但并不能对应到现实世界中的某个具体的个人。

但这种保护其实非常脆弱：拥有一定技术手段的人通过观察区块链信息，对地址 ID、IP 信息等内容进行跟踪，依然可以追查到账户与交易之间的关联性。

最典型的事例就是我们之前提及的"门头沟"事件的后续发展：2017年8月份，"门头沟"事件的幕后黑手亚历山大文·尼尼克在希腊被捕，而这个从 2011 年开始便对交易所发起攻击的技术高手之所以会落网，完全是因为一位毫无过人天赋的普通区块链技术员基姆·尼尔森，他通过三年的时间对当时每笔交易地址进行了抽丝剥茧，最终扳倒了事件的始作俑者。

因此，未来公司在纳入区块链项目时，也应对自身的隐私数据保护能力进行全面的考量：除了要投入大笔资金吸纳人才以外，公司本身也要考虑到图 8-7 中的四个问题。

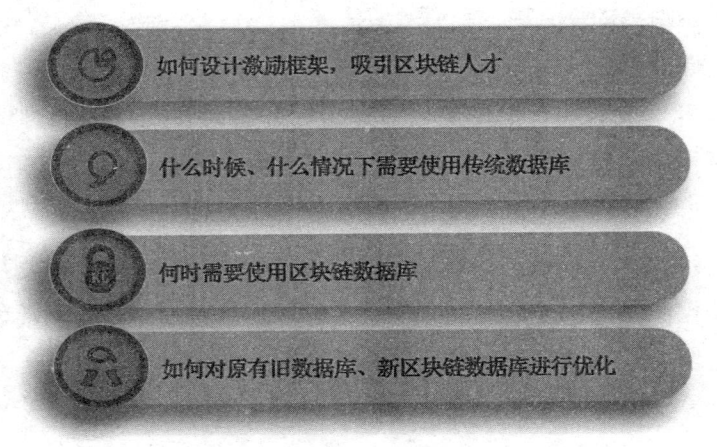

- 如何设计激励框架，吸引区块链人才
- 什么时候、什么情况下需要使用传统数据库
- 何时需要使用区块链数据库
- 如何对原有旧数据库、新区块链数据库进行优化

图8-7　引入区块链项目时，公司必须要考虑的四大问题

6. 从黑客攻击来看比特币的安全性

区块链技术大火后，该领域的消费者成为了黑客与犯罪分子的首要攻击目标。不管是欺诈性的ICO、直接的黑客攻击，还是软件bug，投资者们都因此损失惨重。更重要的是，这些肇事者们很难被查明身份，更不要说被抓住了，因此，投资者们由此流失的资金也将永远不能再找回。

6.1　黑客与攻击，区块链灾难不断

根据2018年5月份的区块链产业安全分析报告显示，全球发生区块链安全事件的数量呈逐年上升态势：

2011年出现了首次比特币安全事件，当时丢失102万美元；

2014年全球区块链的资金损失大概是4.6亿美元；

2018年上半年，这个数字达到19亿美元。

247

有关区块链的大骗局，我们随手拈来。

▶ CoinDash ICO 攻击

2017 年，支付与运输创业公司 CoinDash 启动了一次 ICO，但启动 ICO 后，其用于筹款的 ETH 地址便遭到了黑客攻击，就此，项目不得不终止。

在黑客更改该项目的 ETH 地址以前，该项目已经筹集了 730 万美元。攻击导致这些资金流向未知方。虽然该公司在关闭 ICO 后承诺用项目的加密货币补偿参与者，但这些补偿仅会给那些在公司发布公告以前便停止了投资的人们。

事件发生后，一些后知后觉者依然继续向这个被黑客攻击的地址发送资金，最终造成了多达 300 多万美元的投资得不到任何回报。

这起事件显示出了 ICO 过程中的巨大风险：对于项目创立者来说，虽然这种模式的确可以筹集到大量资金，但是，早期技术上的不成熟使创立者、投资者都不得不面临巨大的风险。

▶ Parity 钱包漏洞

Parity 是一家加密货币钱包提供商，这家英国创业公司在 2017 年 7 月时在其钱包软件 1.5 版本上发现了一个漏洞，这导致至少 15 万以太币被盗走。被盗走时，这些以太币的价值约为 3000 万美元，但到 2017 年 12 月中旬时，这些以太币的总价涨到了近 1.05 亿美元。

毫无疑问，这一事件大大损害了该公司的声誉。不过，这并不是最糟糕的。

同年 11 月，一位 Parity 用户无意间在该钱包里发现了一个软件代码 bug，并操作冻结了超过 2.75 亿美元的 ETH——如果说前一次的声誉下跌是由于黑客攻击导致的，那么，这一次用户无意间发现的巨大漏洞则使 Parity 在用户心目中的形象大跌，人们开始质疑作为以太坊上使用最广泛的钱包之一，Parity 是否有能力保证自己的虚拟货币财产的安全。同时人们对以太坊乃至于整个区块链网络的安全性也产生了质疑。

6.2 无人看守的银行与肆意妄为的黑客

2018年8月份，腾讯安全联合实验室联合知道创宇发布了一份名为《2018上半年区块链安全报告》，报告中的数据显示，区块链安全问题引发的损失高达27亿美元（图8-8）。

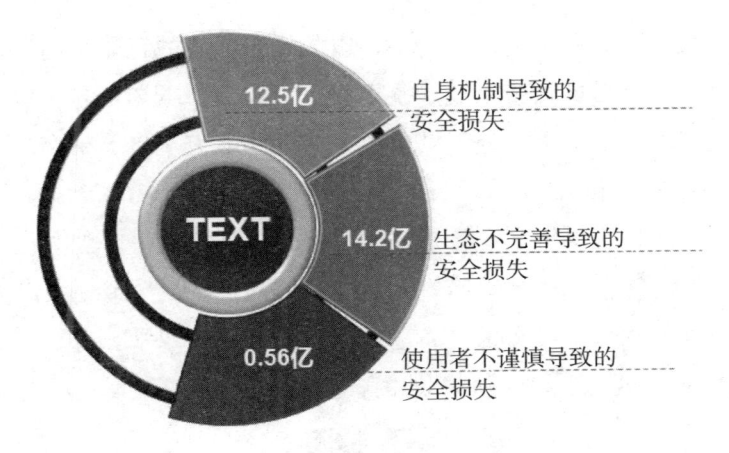

图8-8 区块链安全造成的损失高达27亿美元

而这一数字相当于在2018年8月以前登陆纳斯达克的优信公司的总市值。

据统计，损失排名前三的是下述三项内容：

① 数字货币交易平台，总共为13.4亿美元；

② 智能合约，主要是集中在以太坊上，比如因为代码的漏洞或者私钥的泄露等原因导致的资金损失达到了12.4亿美元；

③ 个人用户遭受到的攻击，比如电脑中病毒、私钥被窃取等，包括矿工的一些病毒事件等等。

未来，黑客们对区块链的攻击还会持续，甚至会越来越多。据安全专家们估计，未来会有30万左右的黑客每天向区块链与数字货币发起攻击。

为什么区块链成为了黑客们的主要攻击对象？换句话来说，为什么黑客们会将区块链当成自己的主要战场？最大的原因是在这里掘金最容易：在加密货币未被炒到如此高的价格时，没有人注意这一领域内的安全。而当区块链形成的价值突然变成爆点后，它们难免会吸引别有用心的人。对用高超技术来实施网络犯罪的黑客们来说，这里就像一个无人看守的银行，所有的钱都是匿名的，丢失的资产无法找回，因此，他们能够随便拿钱。

其实，区块链加密数字货币引发的安全问题可以归结为下述三个主要方面：

◆ 自身机制存在问题

由于技术不成熟，在区块链中，以太坊为代表的智能合约设计存在着巨大的漏洞，且因此而带来了严重损失。比如，2016年6月，以太坊最大的众筹项目The DAO被攻击，黑客获得超过350万个以太币，最终导致以太坊分叉为ETH和ETC。

另一方面，区块链本身就是开放的状态，理论上，若黑客控制了半数以上的计算机资源，就可以重改公共账本，最终实现"51%攻击"。

◆ 区块链生态安全问题

区块链生态包括了下图8-9的内容。

PoW机制下的矿场和矿池
PoS机制下的权益节点
加密数字货币交易所
面向未来DApp应用的区块链网关系统
软硬钱包
数据跟踪浏览器
网关系统
DApp应用

图8-9 区块链生态要素

在这些内容中，围绕着交易所发生的安全事件是最显著的，交易所被盗的概率远超出其他事件类型。而交易所的问题主要包括图 8-10 中的内容。

```
交易所被钓鱼
内鬼盗窃
钱包失窃
各种信息数据被泄露和篡改
交易所账号失窃
……
```

图8-10　区块链生态中，交易所安全问题最严重

◆ 使用者自己的安全问题

客观上来说，想娴熟而安全地使用加密货币钱包一类的交易工具，需要较高的门槛，你必须要对计算机、加密原理、网络安全等皆有较高的认识。然而，现实生活中，许多参与加密货币交易的人并不具备这些能力，这就导致了个人账户安全问题层出不穷。在此类事件中，甚至有因为操作不当导致数字资产被身边的熟人盗取的情况。

6.3　技术进步是保障安全的唯一方法

不要下载任何加密货币交易附件和应用程序——针对个人原因导致的黑客攻击，有专家给出了保障账户安全的部分方法。

▶ 保证操作环境的安全

其中最重要的一点就是，不要在非匿名环境下下载任何加密货币交易附件和应用程序。下载时，千万不能碰那些 HTPPS 协议的加密货币相关网站，要使用单独的浏览器、单独的智能设备，有条件者甚至可以单独购买一台电脑进行加密货币的交易。

这些方法，都可以有效防止附件轻松读取你的个人信息。

▶ 关闭呼叫转移功能

现有技术早已证明，通过信号系统，黑客们可以轻易地拦截带密码确认内容的短信。而在当下，很多人都会选择通过手机进行身份验证。如果你有加密货币的话，最好关闭呼叫转移功能，这将大大提升黑客拦截短信的可能性。

▶ 不在公共 WiFi 环境下进行任何操作

这一点相信所有人都知道：公共 WiFi 环境并不安全，此环境下操作普通的互联网帐户尚且不可，更不要说价值如此高的加密货币了。专家建议，就算在自己的家中，也需要经常性更新路由器密码，以此来帮助增加网络安全性。

当然，这些只是个人层面的安全措施，这些安全方案并非密不透风，需要进一步完善。而更大层面上的黑客攻击要如何应对、如何避免，这些都需要在未来区块链技术进一步发展后，才能得到完善的解决。

当然，以上谈到的方案的安全性并非是密不透风的。但无论哪种解决方案，关于区块链安全性的话题不会中止，关于它的讨论也会越来越广泛：讨论区块链是否安全，讨论为何黑客选择攻击，讨论如何应对黑客攻击……这些都将随着技术的更新得到进一步解答，进而得到妥善解决。

这便是区块链的现在与未来：作为新兴技术，人们已经窥见了它所具备的能力以及背后不计其数的机遇与风险。区块链是风口，也是一块淘金地，若它想迈入下一阶段并全面革新当下的商业模式，我们必须要给它时间。唯有当突破性应用落地时，我们所描述的区块链 3.0 时代才会全面到来。